Tradicional o contemporáneo, religioso,
familiar o famoso, este libro le ayudará
a encontrar el nombre perfecto
para su bebé . . .

◊ CECILIA es la santa patrona de músicos
◊ VIDAL significa vida
◊ BERNARDO significa fuerte como un oso
◊ MARGARITA significa perla
◊ FELIPO es amante a los caballos
◊ GLORIA significa fama y honor

¿Cómo te llamas, Baby?
EL LIBRO DE NOMBRES DE BEBÉS
PARA HISPANOS

EL LIBRO DE NOMBRES DE BEBÉS
PARA HISPANOS

¿Cómo te llamas,
Baby?

por JAMIE MARTINEZ WOOD

Traducción de
CATHERINE MARTINEZ

B

BERKLEY BOOKS, NEW YORK

¿CÓMO TE LLAMAS, BABY?

A Berkley Book / publicado en colaboración con
la autora

HISTORIA IMPRESA
Edición Berkley / mayo, 2001

La dirección en Internet de Penguin Putnam Inc. es:
www.penguinputnam.com

ISBN: 0-425-17959-1

BERKLEY®
Los Berkley Books son publicaciones de The Berkley
Publishing Group, una división de Penguin Putnam Inc.,
375 Hudson Street, New York, New York 10014.
BERKLEY y su diseño son
marcas registradas que pertenecen a Penguin Putnam Inc.

IMPRESO EN LOS ESTADO UNIDOS

10 9 8 7 6 5 4 3 2 1

CONTENIDO

CONTENIDO

Reconocimientos

Yo quiero darles las gracias profusamente a Laura Hernández, Pedro Carbajal y Katie Weyermann con todo mi corazón por todo su trabajo y dedicación a este proyecto. También quiero darle las gracias a mi redactora Christina Zika y mi agente Julia Castiglia por su apoyo.

Prefacio

A menudo buscar el nombre más apropiado para el bebé puede llevarle meses a los padres. Este proceso de selección puede estar repleto de alegrías, de desacuerdos y con frecuencia de indecisiones. Escoger el nombre de un niño o una niña es algo que no debe tomarse con ligereza. Muchos de nosotros recordamos las burlas a las cuales algunos niños o niñas eran expuestos por su nombre. Así que es con mucho cuidado y cariño que los padres se embarcan en la búsqueda del nombre perfecto. Mi caso no fue la excepción. Cuando me enteré que estaba embarazada, me cubrí con libros de nombres de bebés, miraba la televisión, escuchaba programas de la radio y le prestaba atención a las conversaciones; todo con el fin de encontrar un nombre que me gustara. Al mismo tiempo, yo estaba muy preocupada pues durante mis meses de embarazo mi madre estuvo muy enferma. Sin embargo, yo nunca dudé que ella se mejoraría ¿Cómo era posible que algo le sucediera ahora? Este sería su primer nieto o nieta y ella estaba muy emocionada y ansiosa por tenerlo en sus brazos.

Pero entonces, como un relámpago inesperado a los ocho meses de embarazo, recibí la noticia de que mi madre había muerto. La pena y el dolor de perder a mi madre se apoderó de mí. La persona que más quería y adoraba había sido arrebatada de mi vida. Su vacío era insoportable. Lo único que me ayudó a vencer la desesperación y el profundo dolor

que sentía, fue recordar que pronto traería una nueva vida
a este mundo.

Un mes después, aún muy afectada por el fallecimiento
de mi madre, di a luz a una preciosa bebita. En algún lugar
en el fondo de mi corazón luché por encontrar esa dicha
que trae un recién nacido, esa felicidad que a su vez yo
necesitaba desesperadamente transmitirle a mi hija. Men-
talmente repasé una larga lista de nombres porque necesitaba encontrar uno que significara felicidad y alegría.

Entonces recordé un tiempo de inocencia y de luz. Imá-
genes de mi mejor amiga Jamie, a los 6 años de edad, me
vinieron a la mente. Ella era la personificación perfecta de
risas y de alegría. Juntas creábamos los más deliciosos pas-
teles de lodo y caminábamos la cuerda floja en la cerca de
mi casa. Su espíritu alegre y aventurero era evidente en
todo lo que hacía. Sus carcajadas eran contagiosas y su
actitud de reto frente a la vida siempre me hacía reír. Así
que tomé su nombre y se lo entregué a mi hija, esperando
que de esta manera ella heredara las cualidades que tanto
admiraba de Jamie.

Por supuesto su segundo nombre sería Della, el nombre
de mi madre. Y aunque ella nunca vería a su abuela, su
nana, éste sería el lazo que las uniría de por vida. Com-
partirían un nombre; símbolo de la fuerza y del orgullo de
una mujer hispana de quinta generación. Emblema de una
mujer que peleó en contra de injusticias y que trató a todos
con compasión y cariño. Yo sabía que al dar a mi hija el
nombre de su abuela, ella siempre tendría un ángel que la
protegería por el resto de su vida.

Cada nombre de bebé tiene una historia. Los nombres
latinos, especialmente, tienen raíces profundas tejidas de
emociones y de recuerdos.

POR CATHERINE MARTINEZ
Madre de la autora

Nota del autor

Mi nombre representa dos cosas: mi individualismo y mi conexión con una estructura superior a mi persona. Mi nombre, Jamie, significa suplantar, es decir, reemplazar. Soy "el relevo". De esa manera, cuando mi madre me dio este nombre, mi misión era sustituir la tristeza con alegría. No obstante, el reflejo de mi nombre y su significado de acuerdo con mi madre fue uno de entusiasmo, fe, aventura e inocencia.

Los nombres que les damos a nuestros hijos representan a la familia. Más que una exigencia, con sus nombres, le pedimos que respondan al llamado familiar y que cumplan con el destino que han heredado a través de su significado. Para mí ha sido un honor el responder a ese llamado. Uno que sin duda he aceptado pues a cambio he recibido el apoyo y el amor incondicional de mi familia latina. Felizmente he podido vivir las expectativas de mi nombre.

Aunque la información relacionada con los Santos ha sido verificada por varias fuentes, es posible que no refleje toda la información existente o todas las interpretaciones.

Los santos

ESDE LOS PRIMEROS días de la Iglesia Católica, los
santos han actuado como intermediarios entre Dios
y los seres humanos. Ellos han hecho milagros, han protegido a los desvalidos y han sido una fuente constante
de esperanza. El vocablo santo tiene sus orígenes en la
palabra latina *sanctus*, la cual significa bendito o consagrado. Los que han alcanzado santidad, lo han hecho al
demostrar una fe tan profunda como la de Jesucristo, así
como una rectitud y una devoción a Dios y a su amor tan
grande, que inclusive han estado dispuestos a morir por
su causa. Se cree que la muerte es el principio de la vida
en el cielo. Los santos ascienden al paraíso para comenzar
una vida de eterna paz y bendiciones. Aquellos santos o
mártires que han muerto luchando por causas divinas, les
rendimos homenaje en el día de su muerte y celebramos
la divina libertad que comparten al lado de Dios con un
día de festividades. Por tradición, muchos niños son bautizados con el nombre del santo cuyas festividades se están celebrando el día que el niño nace. De esta manera,
ellos pueden pedir a su santo patrón que los proteja y los
dirija en nombre de esa conexión que los une por medio
del nombre.

Los santos también tienen un papel como patrones o guardianes y defensores de lugares, personas y situaciones. Es en esta área específica que los santos hacen sus milagros. La amplia lista de santos patrones incluye, entre otros, el santo de las mujeres, de los niños, de alguna profesión específica, de la naturaleza, de un miedo o de un problema en particular, de la salud, de las artesanías, del reino animal, de las crisis y de los peligros. Al darle a un niño el nombre de un santo se le confiriere la protección especial que ese santo ofrece.

La lista de santos y mártires de la Iglesia Católica es bastante extensa. En la página 151–163 se ha incluido una lista de santos con nombres hispanos. Encontrará que estos santos han sido clasificados de acuerdo al día de su celebración, para facilitar su referencia con el cumpleaños de su niño o niña. Los nombres a continuación son una recompilación de los santos más populares o más conocidos. Seguido del nombre se hace mención del patronaje de ese santo y de los emblemas especiales por medio de los cuales son conocidos.

Nombre del santo	Patrón de:	Emblema	Día festivo
Ágata (f)	Las enfermedades del seno	Los senos	16 de diciembre
Alberto	La investigación científica y médica	Los libros	15 de noviembre
Alejo	Humildad, hijos	Él mismo rodeado de mendigos	17 de julio
Ambrosio (m)	Las abejas	Las colmenas	7 de diciembre

Nombre del santo	Patrón de:	Emblema	Día festivo
Ana (f)	La preñez, las amas de casa, los carpinteros y las abuelas	El ángel, la vara florecida, la corona, el nido de pájaros, la Virgen María en la cuna	26 de julio
Andrés (m)	Los pescadores, los marineros	Dos peces, el anzuelo, la red, la cruz en forma de X	30 de noviembre
Ángela	Las universidades y las mujeres	Ella misma con una niña	27 de enero
Antonio	Los carniceros, los sepultureros, los fabricantes de cestos y cepillos	El puerco, el chivo, dos leones, la campana, la cruz "Tao"	17 de enero
Antonio de Padua	La propiedad perdida, la siega buena	El Niño Cristo, un cofre con un corazón, un pez, un libro, un lirio	13 de junio
Agustín	Los teólogos, los cerveceros, los impresores	El báculo, un corazón de fuego	28 de agosto
Bárbara	El relámpago, los truenos, los mineros, los artilleros	La torre, la palma, el cañón, el cáliz	4 de diciembre
Bartolomé	Los curtidores, los vendedores de queso	El cuchillo del curtidor, una cimitarra, tres cuchillos, el diablo bajo de sus pies, el evangelio de San Mateo	24 de agosto

Nombre del santo	Patrón de:	Emblema	Día festivo
Benito	Los alumnos, los agonizantes, los campesinos, los cobreros	Una bola de fuego, un cuervo y un cántaro, las rosas, una taza rota con una serpiente en un libro, un monasterio en una montaña	11 de febrero
Bernabé	Los cosechadores	Dalmática (vestimenta especial llevado por el diácono durante la misa), tres piedras, un hacha	11 de junio
Bernardo de Claraval	Los apicultores, la miel y los fabricantes de velas	La colmena, la pluma y la tinta, un diablo encadenado	20 de agosto
Bernardo de Montjoux	Los esquiadores y montañeros	Montañas con nieve y perros de Bernardo	28 de mayo
Bibiana	Los dolores de cabeza	La rama y el pilar	2 de diciembre
Blas	Los animales salvajes, los peinadores de lana	El peine para la lana, dos velas cruzadas	3 de febrero
Brígida	Los alumnos, inspiración, fuego, Iralandia	pozo, fuego, herrador, lanza	22 de julio
Bruno	Las víctimas de la posesión demoníaca	El crucifijo floreciendo, una estrella sobre su pecho, siete estrellas	11 de octubre
Camilo	Las enfermeras	Enfermos en el hospital	14 de julio

Nombre del santo	Patrón de:	Emblema	Día festivo
Carlos	Los profesores de la escuela dominical, los seminaristas	La palabra "humilitus" o humildad con una cruz; un orbe y una cruz	4 de noviembre
Catalina de Alejandría	Los molineros, las niñas, las enfermeras, los filósofos, los agonizantes, los hiladores	Una rueda empernada	25 de noviembre
Catalina de Siena	La protección del fuego	El corazón, el lirio, el estigma, la cruz	30 de abril
Cayetano	Poesía		7 de agosto
Cecilia	Los músicos	El organo, el laúd, dos guirnaldas de rosas y lirios, el arpa	22 de noviembre
Cipriano	Escritores	Libros	16 de septiembre
Clara de Asís	La televisión, los bordadores, los que tienen dificultades con los ojos	El cáliz y la Eucaristía, una cruz alta, el lirio	11 de agosto
Clemente	El faro, los canteros, los herreros	La fuente, el ancla, la tiara, un templo de mármol en el mar	23 de noviembre

Nombre del santo	Patrón de:	Emblema	Día festivo
Cosme y *Damián*	Los doctores, los cirujanos, los barberos, los farmacéuticos, los peluqueros, los dentistas	Una caja de ungüentos, un frasco, unas jarras y unas flechas; el cetro de Esculapio (el Dios romano de la medicina y la curación)	27 de septiembre
Cristina	Habilidades síquicas	Ángeles deteniendo un cordón pegado a su vestido	15 de diciembre
Cristóforo	El viaje seguro, los surfistas, los que corren peligros en el agua, las tempestades y los que padecen por muerte súbita	El infante Cristo a la espalda, en la linterna, el río y la palma	28 de julio
David	Wales	Cruz y bastón	29 de diciembre y 1 de marzo
Domingo	La astronomía, los frailes, los pastores	El lirio, el galgo, un libro, una estrella sobre su frente, un perro sosteniendo una antorcha	12 de mayo
Dorotea	La florista y los jardineros	Un ángel con una cesta de manzanas o rosas, una espada o una corona	6 de febrero

Nombre del santo	Patrón de:	Emblema	Día festivo
Elena	Los arqueólogos	La corona, la cruz, un martillo y clavos; un libro abierto y una corona	18 de agosto
Elizabeth	Las mujeres embarazadas	Elizabeth saludando a María o con Juan el Bautista en brazos	5 de noviembre
Eloy	Los joyeros, los herreros, los orfebres	La herradura, el martillo y las pinzas	1 de diciembre
Enrique			15 de julio
Esteban	Los albañiles, los constructores y los caballos	Dalmatica (túnica llevada por el diácono), tres piedras, las piedras en una servilleta, o las piedras sobre un libro	26 de diciembre
Eugenio	Música y poesía	Cantando	13 de noviembre
Eusebio		Evangelio	22 de agosto
Felipe	Oradores	Madre, ángel y querubines	26 de mayo
Fernando	Los ingenieros, los gobernantes, los gobernadores, los magistrados, los pobres, los prisioneros	El galgo	30 de mayo
Filomena	Vírgenes	Flechas, palma, flor	10 de agosto

Nombre del santo	Patrón de:	Emblema	Día festivo
Francisco de Asís	Los ecólogos, los animales, los pájaros, el movimiento "Naturalista"	Los pájaros, el ciervo, el crucifijo con cinco rayos, los estigmas, la corona de espinas, una lámpara iluminada, la ropa fina, una bolsa de oro a sus pies	4 de octubre
Gabriel	Los diplomáticos, las telecomunicaciones las televisiones, la radio, los servicios postales, los coleccionistas de sellos, las mujeres de parto	La lanza, el escudo, el lirio	24 de marzo
Genoveva	Los desastres	Las velas, el pan, las manadas, las llaves	3 de enero
Gerónimo	Los bibliotecarios y los escolares	El león, una pluma, de cuerno con tinta y la zorra, la liebre, la perdiz, la Biblia abierta, el cervato	30 de septiembre
Gertrudis		Bastón, Sagrado Corazón de Jesús	16 de noviembre
Gregorio el Grande	Los cantantes, la música, los Papas y las escuelas	El callado, la paloma, la tiara, el altar, un manuscrito antiguo	3 de septiembre

Nombre del santo	Patrón de:	Emblema	Día festivo
Gregorio el Milagroso	Los terremotos	Escena catastrófica	17 de noviembre
Guillermo		Palio	8 de junio
Hilario	Los estudiantes lentos, la enfermedad mental, los abogados	Un niño en una cuna, la trompeta, una serpiente en un palo	13 de enero
Honoria			
Hugo	El cisne	El cisne	1 de abril y el 17 de noviembre
Ignacio de Antioquía	Las gargantas irritadas	Los leones, las cadenas	17 de octubre
Ignacio de Loyola	Misioneros y universidades	Predicando a la gente con sus seguidores de la sociedad de Jesus, vestido de negro	31 de julio
Inés	Las jóvenes, las vírgenes o las guías	El cordero, la paloma con un anillo, una espada	21 de enero
Isabel	La guerra	La rosa, el limosnero	4 de julio
Isidro	Los campesinos, Madrid	Ángeles, maíz	15 de mayo
Jorge	Los soldados, en particular la caballería, los jinetes, los caballeros, los exploradores, los carniceros	El escudo, un dragón muerto, una rueda rota, una bandera blanca con una cruz roja	23 de abril

Nombre del santo	Patrón de:	Emblema	Día festivo
José	La paternidad, la familia, los ingenieros, los compradores de casas, los trabajadores manuales, los carpinteros	La escuadra del carpintero	19 de marzo
Juan de la Cruz			24 de noviembre
Juan el Bautista	Las carreteras, el cuero y la lana, los obreros de las carreteras	La túnica de pelo de camello, la cicada, su cabeza en una bandeja, el cordero, un cordero sobre un libro con siete sellos bíblicos, un pergamino con las palabras "Ecce Agnus Dei" (He aquí el Cordero de Dios)	24 de junio y 29 de agosto
Juan Evangelista	Los escritores	Una taza y una serpiente, un águila, una serpiente en un pergamino, el pergamino de su evangelio	27 de diciembre
Julián	Los publicanos, el barquero, los viajeros	El ciervo, el remo	12 de febrero
Justo	Los filósofos		4 de agosto

Nombre del santo	Patrón de:	Emblema	Día festivo
Leonardo de Noblac	El encarcelamiento, el alumbramiento, los prisioneros de guerra	Las cadenas, los grilletes	6 de noviembre
Lorenzo	Los cocineros, los cerveceros, los estudiantes, las mujeres que lavan, los vidrieros, los bibliotecarios, los pobres	La parrilla, una bolsa o plato de dinero, dalmática e incensario	10 de agosto
Lucía	Los ciegos, los vidrieros, los cuchilleros, los que tienen problemas con los ojos, los que trabajan con las luces	Dos ojos en una fuente, una espada, una lámpara, tres coronas, dos buey, una taza, una daga, las cuerdas	13 de diciembre
Luis (m)	Los adolescentes y las personas con problemas de riñón	Él mismo como adolescente	21 de junio
Luis Gonzaga	Los albañiles y las esculturas	La flor de lis, la paloma, la corona y el cetro inclinado por la mano de Dios	25 de agosto
Marcelo			30 de octubre

Nombre del santo	Patrón de:	Emblema	Día festivo
Marcos	Los leones, los rancheros, los abogados, los vidrieros	El león alado, una pluma, un libro y un pergamino, un pergamino con las palabras "Pax tibi" (Que la paz sea contigo).	25 de abril
Margarita			20 de julio
María Magdalena	Los penitentes, los perfumistas, los peluqueros, los comerciantes	La ropa buena, el pelo suelto; un tarro de ungüento, la calavera, el vaso, el crucifijo	22 de julio
Marta	Las amas de casa, los posaderos, los cocineros, los sirvientes, los camareros, las especialistas en dietética	Las llaves a su cintura, la escoba, el cucharón, las calderas para cocer, un dragón envuelto con una faja, un tarro de agua y asperge	29 de julio
Martín	La armonía racial, la justicia social, la educación pública, los limosneros, los soldados, en particular de la caballería	El caballo; una espada y una capa cortada por la mitad, el ganso, la calamidad, la liebre, un asiento de un ídolo en llamas, el demonio a sus pies	11 de noviembre

Nombre del santo	Patrón de:	Emblema	Día festivo
Mateo	Los contadores, los recaudadores de impuestos, los aduaneros, las guardias de la seguridad	Una pluma y tintero, una lanza, el delfín, una espada o una alabarda, una bolsa o un cofre de dinero, una escuadra de carpintero, un hacha, unas piedras, un pergamino de su evangelio	21 de septiembre
Matilde	Los pobres	La iglesia y el crucifijo, el altar; una bolsa de dinero	14 de marzo
Mauricio	Los tejedores, los tintoreros, los soldados	Escena de batalla	22 de septiembre
Miguel Arcángel	Los bodegueros, la batalla, las fuerzas de seguridad	Las escamas, el dragón, la espada, un hombre en armadura y grandes alas sosteniendo un escudo y unas escamas	29 de septiembre
Mónica	Las esposas, las madres	La faja, las lágrimas, el libro, el bastón, el ostensorio, el velo o el pañuelo	27 de agosto

Nombre del santo	Patrón de:	Emblema	Día festivo
Nicolás	Los niños (en particular los varones), los comerciantes, los prestamistas, las iglesias, los boticarios	Tres pelotas, tres manzanas doradas en un libro, el ancla, el barco, tres bolsas, tres panes; el símbolo de la Trinidad en una capa pluvial (capa ceremonial)	6 de diciembre
Oportuna	La orden benedictina	Velo	22 de abril
Pablo	Los que han sido mordidos por una culebra, el tapicero, los fabricantes de tiendas de campañas	La espada, el libro, la serpiente y el fuego, una palmera, el fénix, tres fuentes, los pergaminos con los nombres de sus epístolas	30 de junio
Pancracio	Los calambres, los dolores de la cabeza, los niños	La palma, la espada, la piedra	12 de mayo
Pantaleón	Medicina	Tercer dedo y pulgar en forma de una "o"; una estatua plateada y sangre seca en un vial	27 de julio
Pascual	Asamblea eucarístico y fraternidades del sagrado sacramento	Vestido como fray franciscano	17 de mayo

Nombre del santo	Patrón de:	Emblema	Día festivo
Paula	Las viudas	Los instrumentos de la pasión, un libro y un bastón, la esponja, el flagelo	26 de enero
Pedro	La longevidad, la Iglesia, el papado, los constructores de barcos, los relojeros	Dos llaves cruzadas, un libro, un gallo cacareando, un pescado, dos espadas, el bastón del pastor y dos llaves	29 de junio
Pedro Alcántara	Velador de noche	pluma y libro	19 de octubre
Ricardo	Los cocheros	El arado, un libro y un bastón, el cáliz a sus pies	3 de abril
Roberto	Los abogados eclesiásticos y los catequistas		17 de septiembre
Rosa de Lima	Las floristas, los jardineros	La corona de rosas con espinas, el niño Jesús, la aguja y el dedal, la corona de espinas	30 de agosto
Salvador			18 de marzo
Santiago	Los que están muriendo	El molino de viento, la alabarda, tres piedras, el pan	4 de junio
Santiago el Mayor	El reumatismo, los soldados, la caballería, los veteranos, los comerciantes de pieles	La concha, el bastón del peregrino, la capa, la billetera y la bolsa, las llaves, el caballo y la bandera blanca	25 de julio

Nombre del santo	Patrón de:	Emblema	Día festivo
Sebastián	Los arqueros, los atletas, los soldados	Las flechas, la corona	20 de enero
Silvestre	Bautismo, leprosorios	Dragón (o toro) encadenado y la escena del bautismo de Constantine	31 de diciembre
Simón y Judas	Las causas perdidas	Un pez y un libro, un ancla y un remo, la estaca del batanero	28 de octubre
Teresa de Avila	España	Las rosas y los lirios, un corazón en llamas, la paloma, unas flechas en llamas	15 de octubre
Tomás	Los arquitectos, los con-structores, los albañiles y los agrimensores, los carpinteros	La lanza, una escuadra de carpintero y una lanza, la escala del constructor, las cinco heridas de Cristo y una lanza, la faja de la Virgen María	3 de julio
Tomás de Aquino	Los académicos, los vendedores de los libros, los filósofos, los teólogos, los creadores de los lápices	La estrella, el cáliz, el buey, ostensorio	28 de enero
Úrsula	La maestra de las niñas	Las flechas, el reloj, el barco	21 de octubre

Nombre del santo	Patrón de:	Emblema	Día festivo
Valentín	El amor, la medicina, los médicos	Administrando a los enfermos, pájaros	14 de febrero
Verónica	Los lavanderos	El rostro de Cristo estampado en un velo	9 de julio
Venceslao	República Checa	Una armadura y un escudo con un águila escul pido	28 de septiembre
Vicente	Todas las caridades, los hospitales, las cárceles	Un orfanato o un hospital, un niño en sus brazos	22 de enero
Vito	Los bailarines, los actores, los comediantes	Escenario	15 de junio
Zita	Los sirvientes domésticos	La vida doméstica	27 de abril

La Iglesia Católica

LA CULTURA LATINA está inmersa en el misticismo. Cuando finalmente decidimos cuales serán los nombres de nuestros hijos, lo hacemos como si cada nombre lo estuviéramos recibiendo de las mismas manos de Dios para sembrarlo en nuestro mundo, nuestra tierra. El papel que juega la Iglesia se entreteje en nuestro quehacer diario y por supuesto es parte de festividades especiales. Tan arraigada está la religión en nuestras creencias y valores, que a menudo los nombres con los que bautizamos a nuestros hijos estan relacionados con eventos u objetos vinculados a la santidad y los milagros de la Iglesia.

Al otorgarle a nuestros hijos nombres derivados de rituales, y objetos asociados a la Iglesia, les estamos demostrando nuestra fe en lo sagrado, aquella que vive dentro y fuera de nuestros corazones. Ello se convierte en una sólida base para que puedan edificar su vida espiritual. A través de un nombre sagrado, los padres expresan su esperanza de que el hijo o la hija crezca aspirando a esa vida espiritual inherente en su nombre. Aparte de registrar a recién nacido bajo la protección de Dios y de la Iglesia, su nombre es la premisa fundamental del bautismo. El pronunciar su nombre es un llamado a su existencia.

Nombre	Simbolismo
Abdallah (m)	El siervo de Dios
Abdías (m)	El esclavo de Dios
Abdiel (m)	El siervo de Dios
Abdón (m)	El siervo de Dios
Abimael (m)	El Padre de Dios
Adeodato (m)	La persona dedicada a Dios
Ananías (m)	Dios es clemente
Ángel(a) (m/f)	El mensajero de Dios
Ansberto (m)	El esplendor de Dios
Anselmo (m)	Dios es la protección
Anunciación (m/f)	Anunciación a la Virgen María que concebiría del Espíritu Santo y que daría a luz al hijo de Dios
Aparición (m/f)	La aparición de Jesucristo después de su resurrección
Asunción (m/f)	Creencia de que la Virgen María ascendería al cielo.
Atanasio(a) (m/f)	La inmortalidad espiritual
Baptisto(a) (m/f)	Aquel que bautiza
Celestino(a) (m/f)	Aquel que pertenece al cielo
Ciriaco (m)	Aquel que pertenece a Dios
Concepción (f)	Hace referencia a la Inmaculada Concepción
Conseja (f)	El buen Consejero de la Virgen María
Corazón (f)	Hace referencia al Sagrado Corazón de Jesús
Crisóforo (m)	Abrigar a Cristo
Cristián (m)	Un seguidor de Cristo
Cristo (m)	Ungido
Cruz(a) (m/f)	La Santa Cruz, el crucifijo
Daniel(a) (m/f)	Dios es mi juez
Deogracias (m)	Alabanzas a Dios
Domingo(a) (m/f)	Aquel que pertenece a Dios
Dorotea (f)	El regalo de Dios
Dositeo (m)	El regalo de Dios

Nombre	Simbolismo
Eleázar (m)	Dios ha ayudado
Elías (m)	Jehová es el Dios
Eliezar (m)	Dios es mi ayuda
Elizabeth (f)	Dios es mi juramento
Eliseo (m)	Dios es la salvación
Encarnación (f)	Hace referencia de Cristo como la encarnación humana de Dios
Engracia (f)	Por la gracia de Dios
Epifanio(a) (m/f)	Alude al festival cristiano que conmemora tres eventos importantes: la visita de los tres Reyes Magos del oriente, el bautizo de Jesús y su primer milagro.
Espirita (f)	El Espíritu Santo
Evangelina (f)	Hace referencia a los cuatro evangelistas: Mateo, Marcos, Lucas y Juan
Exaltación (m)	Hace referencia a la remoción milagrosa de Cristo de la cruz
Ezequías (m)	Dios fortifica
Ezequiel (m)	Dios fortifica
Febronio (m)	Febrero, hace referencia a la Purificación de Nuestra Señora
Fuensanta (f)	De Fuente Santa
Gabriel(a) (m/f)	Dios es mi fuerza. Nombre del ángel que se apareció ante la Virgen María para anunciarle que concebiría del Espíritu.
Godeliva (f)	El regalo de Dios
Isabel (f)	Dios es mi juramento
Isaías (m)	Dios es mi salvación
Ismael (m)	Dios escucha
Israel (m)	El que compite con Dios
Jeremías (m)	Dios levantará
Jesús (m)	El hijo de Dios. Dios es la salvación
Joaquín (m)	Dios establecerá

Nombre	Simbolismo
José(fa) (m/f)	Dios añadirá
Josefat (m)	Aquel que tiene a Dios como su juez
Juan(a) (m/f)	Dios es benévolo
Judas (m)	Alabanza de Dios
Lázaro (m)	Dios ha ayudado
Luz (f)	Nuestra Señora de la Claridad
Malaquías (f)	El ángel, el mensajero
Manuel(a) (m/f)	Dios está con nosotros
María (m)	La Madre Virginal
Mateo (m)	El regalo de Dios
Mercedes (f)	Nuestra Señora de la Misericordia
Miguel(a) (m/f)	Aquel que es semejante a Dios. El ángel responsable de aplicar el juicio de Dios
Milagros (f)	Nuestra Señora de los Milagros
Mireya (f)	Dios ha hablado
Natalia (f)	El día natal, la Navidad
Nathaniel (m)	El regalo de Dios
Navidad (f)	El nacimiento de Cristo
Osmundo (m)	Protección Divina
Osvaldo (m)	El poder de Dios
Pascual(a) (m/f)	Hace referencia a la Pascua o Semana Santa
Piedad (f)	Nuestra Señora de la Piedad
Preciosa (f)	La preciosa sangre de Cristo
Presencia (f)	La omnipresencia de Dios y a la presencia de Cristo en la Eucaristía
Presentación (f)	Hace referencia a la presentación de Cristo
Purificación (f)	Hace referencia al ritual de purificación de la Virgen María después del nacimiento del Niño Jesús
Querbín	Querubín
Rafael(a) (m/f)	Dios ha curado

Nombre	Simbolismo
Refugio (m/f)	Hace referencia al título de la Virgen "refugio de los pecadores"
Remedio (m/f)	Nuestra Señora de los Remedios
Rosario (f)	Hace referencia al Santo Rosario: pieza que se utiliza para rezar oraciones
Sacramento (m)	Sagrado sacramento o comunión
Samjuana (f)	Dios es benevolente
Samuel (m)	El nombre de Dios
Sancho (m)	Aquel que es sagrado
Santa (f)	El Santo
Simón (m)	El Dios ha oído
Socorro (f)	Nuestra Señora del Perpetuo Socorro
Soledad (f)	Nuestra Señora de la Soledad
Teodoro(a) (m/f)	El regalo de Dios
Teodosio (m)	Como un regalo de Dios
Teófilo (m)	Amado de Dios, el Amado
Timoteo (m)	Honor y respeto a Dios
Tobías (m)	Dios es benevolente
Tránsito(a) (m/f)	Hace referencia a la Ascención de la Virgen María de la tierra al cielo
Trinidad (m)	La Trinidad, las Tres Divinas Personas
Tristán	Aquel que es semejante a Dios
Zacarías	Recuerdo de Dios

La naturaleza

LOS LATINOS TIENEN una fuerte conexión con sus raíces aborígenes. Sus antepasados indígenas tenían una relación espiritual muy profunda con la naturaleza. Indios de diferentes tribus vivían en armonía con su medio ambiente y seguían los diferentes cambios de estaciones con rituales que mostraban su reverencia y respeto. La naturaleza marcaba el sendero de sus vidas. Como latinos, nos hemos inspirado en nuestros antepasados de mil maneras. Por ejemplo, muchos de los nombres de nuestros hijos e hijas fueron tomados de la naturaleza. A menudo, la traducción directa pasa a formar parte de nuestro lenguaje diario. En otras ocasiones, los nombres en esta categoría son derivados del latín. Estos nombres representan la flora y la fauna, el reino animal y los elementos de la tierra misma.

Nombre	Traducción
Abejundio (m)	La abeja
Acacio (m)	El árbol acacia
Aciano (m)	La flor "botella-azul"
Aquilino (m)	El águila

Nombre	Traducción
Adán (m)	La tierra roja
Alameda (f)	La arboleda de álamo
Alaqua (f)	El árbol de goma dulce
Anatolio(a) (m/f)	El amanecer
Apolo (m)	Del poder del sol
Apolonio(a) (m/f)	La luz del sol
Aponi (f)	La mariposa
Arno (m)	El águila
Arnoldo (m)	Tan fuerte como un águila
Arnulfo (m)	El águila y el lobo
Aurelio(a) (m/f)	El oro
Avanta (f)	La tortuga
Avellino(a) (m/f)	El lugar de las avellanas
Avendela (f)	El amanecer
Avenita (f)	El cervato
Azalia (f)	La flor
Azucena (f)	El lirio blanco
Beliarosa (f)	La rosa hermosa
Berilo (m)	La gema de color verde marino
Bernardo (m)	Tan fuerte como un oso
Betrán (m)	Un cuervo brillante
Cabalina (f)	El caballo
Camelio(a) (m/f)	La flor
Caparina (f)	Un tipo de mariposa
Celadonia (f)	La golondrina
Celina (f)	La luz de la luna
Chenoa (f)	La paloma blanca
Chimalis (f)	El pájaro azul
Cholena (f)	El pájaro
Cirilo (m)	El sol
Cosme (m)	El cosmo, el universo
Crisanto (m)	El crisantemo
Dahlia (f)	La flor
Débora (f)	La abeja

Nombre	Traducción
Delfina (f)	El delfín
Eberardo (m)	Tan fuerte como un jabalí
Esmeralda (f)	La esmeralda
Estella (f)	La estrella
Ester (f)	La estrella
Fabio (m)	El frijol
Fabiola (f)	El frijol
Febe (f)	Rayo de la luna
Felipe(a) (m/f)	El amante de los caballos
García (m)	El zorro
Helio (m)	El sol
Hortencia (f)	La jardinera
Ignacio (m)	El fuego
Iris (f)	El arco iris
Jacarya (f)	La flor
Jacinto (m)	El jacinto
Jano (m)	Tan brilliante como el sol
Jazmín (f)	El jazmín, una planta olorosa
Jemsa (f)	La gema, una piedra preciosa
Jonas (m)	Tan gentil como una paloma
Jorge (m)	El trabajador de la tierra, el campesino
Larrina (f)	El laurel
Laurentia (f)	El laurel
Lauro(a) (m/f)	El laurel
Leandro (m)	El hombre de los leones
León (m)	El león
Leonardo (m)	El león bravo
Leoncio(a) (m/f)	El león
Leopardo (m)	El leopardo
Lobo (m)	El lobo
Lorenzo (m)	El laurel
Lilia (f)	El lirio
Margarita (f)	La perla

Nombre	Traducción
Marino(a) (m/f)	Un hombre del mar
Melisa (f)	La abeja
Nereida (f)	La ninfa del mar
Nevar (f)	Nevar
Nieves (f)	La nieve
Olivia (f)	El olivo
Paloma (f)	La paloma
Pentea (f)	Flor de la familia de las orquídeas
Pedro (m)	La roca
Petronila (f)	La roca
Raquel (f)	La oveja
Raúl (m)	El consejo de los lobos
Rodolfo (m)	El lobo famoso
Rosa (f)	La rosa
Seferino(a) (m/f)	El céfiro, el viento del oeste
Silvano(a) (m/f)	El bosque
Silvia (f)	El bosque
Solana (f)	La luz del sol
Susana (f)	El lirio
Tabita (f)	La gacela
Úrsula (f)	La osita
Viola (f)	La violeta
Xochil (f)	Donde las flores abundan
Yolya (f)	La violeta

Los apellidos

EL MERECER EL respeto y el honor de la familia es un logro importante en la comunidad latina. Este sentido de dignidad, en la mayoría de los casos, proviene del apellido familiar. Es a través del apellido que podemos revisar nuestra historia familiar y admirar la determinación, la lucha y el valor de nuestros antecesores. Cuando encontramos obstáculos a lo largo de la vida invocamos su fuerza y confiamos las cargas sean más llevaderas pues nuestros antepasados lo hicieron antes.

Los apellidos tienen diversos orígenes. Por ejemplo, algunos apellidos provienen de las ocupaciones u oficios, de las características o apariencias personales. Otros nombres, sin embargo, tienen raíces que datan de la Edad Media, en esa época era común que el apellido proviniera del nombre del padre. No obstante, para rendir honor al linaje de la madre, los padres también incluían el apellido de ella como parte del nombre completo del niño.

Con frecuencia, los nombres asignados a niños latinos son tomados de los antecesores. Esta tradición, que se extiende por varias generaciones, consiste en darle al niño el nombre del abuelo o del padre como primer o como segundo nombre. Los sufijos tales como *ito, cita, ila o ina*

crean el diminutivo del nombre y distinguen al padre del
hijo o la abuela de la nieta.

La lista de sobrenombres, entre ellos los diminutivos,
puede ser interminable. A menudo tan diversos como la
imaginación misma de los padres. Por esta razón, se han
incluido solamente los diminutivos más comunes después
de cada nombre. Lo mismo aplica a alteraciones gramati-
cales o a variaciones alternas de los nombres.

Nombres de Niñas de la A-Z

Aarona—De origen hebreo. La versión femenina de Aarón y se deriva de *ahrōn* (exaltado). Fuentes
alternativas sugieren como definición del nombre
"canto y enseñanza".

Abigaíl—De origen hebreo y derivado de *avīgayil* (la alegría de un padre). En la Biblia, Abigaíl fue la esposa
del rey David y por lo tanto reina.

Abila—De origen latino, se deriva de Abela (la hermosa).
Este es un nombre que tiene sus raíces en la palabra
"belleza".

Abril—Nombre de origen etrusco que se relaciona con la
palabra *abrilis* (abierto). El nombre del cuarto mes del
calendario también comparte la misma raíz. El mes de
abril marca la estación de la primavera, época de flores,
sol y calor.

Ada—De origen hebreo, el significado de este nombre es
"ornamento o adorno". Variaciones: Adina.

Adela—De origen alemán. Derivado de adal, que significa
noble. Variaciones: Adelene, Adelina, Della.

Adelaida—De origen alemán. Este nombre combina los
elementos de *adal* que significa noble, con *heid* que
significa linaje o clase. Por lo tanto la persona que lleva
este nombre se dice que es de cuna y abolengo noble.

Adelaida fue una emperatriz alemana del siglo X y su día se celebra el 16 de diciembre. Diminutivos: Layda, Lina y Yaya. Variaciones: Adela, Adelaria, Adeleita y Delaida.

Adelina—De origen alemán y español. Compuesto por las palabras *adal* que significa noble y linda. El nombre significa, "la niña bonita y noble, o la hermosa cortesana". Los adjetivos adorado y gentil también se atribuyen a este nombre.

Adeltrudis—También de origen alemán. Es una combinación de las palabras *adal* o noble y *trut* o querido, amable y cariñoso. El nombre significa querida o amada de la nobleza.

Adelvisa—De origen alemán, este nombre combina los significados de las palabras *adal* o noble/nobleza, con *wis* que significa sabio o experto. La manera en que esta compuesto este nombre también equivale a "el sabio o la sabia en la nobleza".

Adoración—De origen latino significa adoración y amor por Jesús Cristo.

Adriana—Nombre de origen latino; es la versión femenina de Adrián que se deriva del apellido latín *Adriānus* (nativo de la ciudad de Adria). Variaciones: Adria.

Ágata—Nombre de origen griego, que significa compasión y bondad. Se dice que una santa del siglo III mantuvo en alto sus convicciones de permanecer virgen y pura. Esta santa siempre mantuvo una actitud positiva a pesar de las muchas crueldades a las que fue sometida. Este nombre también está relacionado con la piedra semipreciosa conocida como ágata que sirve para mantener el balance entre los aspectos masculinos y femeninos que llevamos por dentro. Además se cree que esta piedra transforma la energía negativa y aumenta la percepción humana.

Agraciana—Nombre de origen español que significa "perdonar o disculpar".

Águeda—De origen alemán, significa buena, agradable y meritoria.

Agustina—De origen latino, es la versión femenina de Agustino que proviene de *agustus* (Venerado, majestuoso, exaltado). Diminutivos: Asta y Tina. Variaciones: Agostia, Agostina, Agustena y Austina.

Aída—Aída es la heroína en una opera de Verdi, del siglo IXX. Diminutivos: Ducha. Variaciones: Ahida y Ayda.

Aislara—De origen español. Significa "separar" y describe a la persona que disfruta de la libertad sola.

Alalita—Este nombre tiene su origen en una piedra que se descubrió en Italia.

Alameda—De origen indígena americano, quiere decir "campo de algodón". Los sembradíos de algodón crecieron de forma abundante durante el período ranchero en el Sur de California. La sombra producida por los arbustos de algodón era muy buscada en los días calurosos del verano.

Alaqua—De origen náhuatl cuyo significado es "árbol de chicle dulce".

Alba—Nombre de origen latino significa "blancura y pureza". Alba era la capital del antiguo Imperio Romano, así como también las tierras Altas al Norte de Escocia. Tiene una variación: Alva.

Albina—De origen latino, se deriva del nombre Alba y significa "el color blanco". Su diminutivo es Alvinita. Variaciones: Albienta y Alvena.

Alegra—Nombre de origen latino que significa "alegre". Se dice que la niña a la que se le otorga este nombre tendrá el encanto de la felicidad y de la alegría.

Alejandra–De origen griego, es la versión femenina del nombre Alejandro. Este nombre combina los elementos de *alexein* que significa "defender y ayudar" con *yros* que significa "hombre". Por lo tanto su significado es "defensor de la humanidad". Frecuentemente las niñas que llevan este nombre le rinden honor a San Alejandro, santo del siglo V conocido como el santo que nunca dormía. Dice la historia que este santo organizó cerca de 300 monjes para que cantaran día y noche alabando a Dios incesantemente, con la esperanza de que Cristo regresara. Diminutivos: Asandra, Dina, Drina, Sandra. Variaciones: Alehandra, Alejadra, Alejandría, Dejandra y Elejandra.

Aleta–De origen griego, se deriva del otro nombre griego: *Alethea* que significa "verdad".

Alicia–Es de origen griego y en este idioma quiere decir "verdad". Sin embargo, algunas personas creen que este nombre se deriva de la palabra alemana *alexien*, que significa "defensor o ayudante" y que daría un nuevo significado a este nombre: "ayudante o protector". La variación de este nombre es Alyssa, el cual actualmente es uno de los nombres más populares de niñas en Estados Unidos. Diminutivos: Chita, Licia. Variaciones: Alisha, Aliza y Alyssa.

Alma–Nombre de origen latino. La connotación de este nombre es "la escencia de la vida". Existen algunas traducciones que ofrecen el significado de "amoroso y amable". En hebreo el nombre significa "niña o secreto".

Almira–Nombre de origen árabe que significa "princesa".

Altagracia–De origen latino. Este nombre combina las raíces españolas alta que quiere decir "grande de estatura o por encima de lo común", y gracia que significa "agradecimiento o perdón'. Su significado es "la gracia desde lo alto". Este nombre es muy común en la República Dominicana, con él se rinde respeto a la Virgen María o Nuestra Señora de Alta Gracia.

Alvera—Es de origen Alemán y significa "precavido o extremadamente cuidadoso". Este nombre también tiene sus raíces en la palabra del inglés antiguo *Æfhere*. Combina los elementos *æf* o (duende, hada) y *here* o (ejército) y su significado es "ejército de hadas".

Amada—De origen latino y proviene de la palabra amada que significa "amar a alguien". Variación: Amadia.

Amalia—Nombre derivado de la palabra alemana *amal* que significa trabajo. Este nombre equivale a "trabajador o diligente". Diminutivos: Amalita, Lita, Maya y Melita. Variaciones: Amelia y Emala.

Amanda—De origen latino que quiere decir "amable, digna de recibir amor, o que merece ser amada". Hay muchos santos que llevan este nombre. Diminutivos: Mandy. Variación: Amata.

Amarilis—De origen griego que quiere decir "arroyo burbujeante, o riachuelo efervecente". También es el nombre de una planta que tiene flores de varios colores: rojas, moradas, blancas o rosadas, en un mismo tallo. Igualmente es el nombre de las pastorcillas en los poemas pastorales de Virgilio y Teócrito.

Amora—Es de origen latino y se deriva de la palabra amor en español.

Ana—Su origen es hebreo y quiere decir "cortés o misericodiosa". Su versión griega es Hannah. Se dice que Santa Ana fue originalmente la abuela de Nuestro Señor Jesús por ser, la madre de María. Se dice que de no existir la hubiéramos creado, ya que las abuelas son de gran importancia en la cultura latina. Las abuelas representan un lazo vital entre las generaciones de una familia, ya que ellas comparten sus conocimientos a través de historias, cuentos y leyendas que unen el pasado con el presente. Ellas representan la conección con nuestras raíces y son el pilar del orgullo de nuestro pueblo.

Anabel—De origen hebreo, este nombre combina los elementos de los nombres Ana (cortés, misericordiosa, llena de gracia) con Bella (hermosa). Esta fusión significa "hermosamente llena de gracia y misericordia". Variaciones: Anabelia y Anvela.

Analilia—También de origen hebreo. El nombre combina los nombres de Ana (cortés, misericordiosa, llena de gracia) con Lilia, el cual a su vez se deriva de la palabra latina *lilium*. Esta última palabra se relaciona con la flor lirio, el símbolo de la pureza y la inocencia. Esta combinación significa "inocencia llena de gracia o inocencia graciosa".

Anarosa—De origen hebreo, este nombre combina los nombres Ana (cortés, misericordiosa, llena de gracia) con Rosa (la flor rosa que es el símbolo de la Virgen María). La combinación resulta en "La Virgen misericordiosa".

Anastasia—Este nombre es de origen griego y se deriva de la palabra *anatasis* que quiere decir "resurrección". Existen muchos santos que llevan este nombre. Diminutivos: Anasta, Nacha, Estacy. Variaciones: Anastasa y Anastia.

Anatolia—De origen griego, quiere decir "el que vino del este". Las traducciones más modernas lo han modificado un poco de manera que el nombre ahora simboliza la aurora de un nuevo día, el crepúsculo, o el despertar. Variaciones: Anlalia y Antalina.

Andrea—De origen griego, este nombre es la versión femenina de Andrés que significa varonil y fuerte. El nombre quiere decir "poderosa, mujer resistente, o femenina". Andrés fue uno de los primeros apóstoles de Jesús Cristo, que lo encontró pescando con sus redes y lo llamó a ser un pescador de hombres. Andrés fue condenado a morir en el martirio de una cruz en forma de X. Diminutivos: Andreita. Variaciones: Andriana o Andriceta.

Ángela—Es de origen griego y es la versión femenina de Ángel (mensajero o pensamientos de Dios). Los ángeles son personajes espirituales que les envían mensajes a los seres humanos y son una fuente de inspiración, pureza y de bondad. Muchos cristianos claman a los nombres de los ángeles para recibir guía y protección. Santa Ángela de Merici fundó la primera escuela de enseñanza para las mujeres. Diminutivos: Angelina y Angelita.

Anica—De origen hebreo, es la versión latina de Hannah y significa "Dios ha mostrado su gracia".

Antonia—Nombre de origen latino que quiere decir "más allá del precio". En la Biblia, Antonia fue el nombre de una fortaleza que construyó el rey Herodes. Al llamar a una niña con este nombre se honra a San Antonio de Padua, santo con una capacidad extraordinaria para predicar y enseñar. Dice la historia que un joven monje tomó un libro del santo sin su permiso y que el santo se le apareció y le exigió que se la regresara. La aparición del santo asustó tanto al joven monje que éste le devolvió el libro. Para invocar a este mártir primero debe buscar exhaustivamente el objeto perdido y entoces se puede decir: "San Antonio, San Antonio, mira a tu alrededor porque algo acabo de extraviar y lo tengo que encontrar". Diminutivos: Tiffy y Tonia. Variaciones: Andona, Antoliana y Antonieta.

Anunciación—De origen español, quiere decir "anunciar". Este nombre se refiere al anuncio que el Ángel Gabriel hizo a la Virgen María que alumbraría al niño Dios. El día 25 de marzo se celebra la Anunciación del nacimiento de Jesús. Diminutivos: Inuncia. Variación: Anunciana.

Aparición—De origen español, proviene de la palabra aparecer. Hace referencia a la aparición del Señor Jesucristo después de su resurrección.

Apolonia—De origen griego y quiere decir "la luz del sol". Las variaciones del este nombre aparecen con frecuencia en el *Diccionario de los Santos*. La santa más venerada con este nombre fue una mujer que se dejó extraer sus dientes con unas pinzas soportando el dolor. Santa Apolonia es la patrona de los dolores de dientes. Diminutivos: Apolia, Palinaria y Poliana. Variaciones: Abulina, Apolinaria, Epolonia, Jolonia y Opalinaria.

Aponi—Este nombre es de origen indígena americano y significa "mariposa". Representa entre otras cosas el cambio y la claridad mental. También está asociado con el aire y el viento.

Aquene—También de origen indígena americano y significa "paz".

Aquilina—Nombre de origen latino que significa "como un águila". Este nombre también aparece repetidas veces en el *Diccionario de los Santos*. Diminutivos: Quina. Variación: Aquileya.

Arabella—De origen latino, quiere decir "estar de acuerdo con una vida dedicada a la oración", tiene también otra traducción que significa "altar hermoso". Variación: Arabelia.

Ariela—De origen hebreo, quiere decir "la leona de Dios o el corazón de Dios".

Arminda—También de origen hebreo, significa "seguridad o seguridad ofrecida a la fuerza".

Artemis—De origen griego, quiere decir "entera y perfecta". Artemis fue la diosa griega de la luna, la caza y de los animales salvajes. Existen muchos santos en el *Diccionario de los Santos* con otras versiones de este nombre. Diminutivos: Micha. Variaciones: Artemisa y Hertenia.

Asela—De origen latino es la versión femenina de Aselo. Se cree que este nombre se deriva del latin *ainus* (burrito, asno). Otras fuentes le dan el significado de "árbol de cenizas". Diminutivos: Aselina. Variación: Azela.

Aspasia—De origen griego, quiere decir "bienvenido". Este nombre se le daba frecuentemente sólo a las cortesanas muy refinadas. Aparece dos veces en el *Diccionario de los Santos*.

Asunción—De origen latino, se deriva de la palabra española asunción que se refiere a la ascensión del cuerpo de la Virgen María a los cielos. A muchos santos de la antigüedad se les dió este nombre.

Athanasia—De origen griego y la versión femenina de Athanasio. Es un nombre derivado de la palabra griega *athanasia* que significa inmortalidad, o vida eterna. En el siglo IV un erudito con este nombre fue honrado por pelear en contra de la herejía. Diminutivos: Atancia. Variaciones: Atanania y Atenacia.

Aurelia—De origen latino, proviene de *aurum* (oro). También tiene sus raíces en el nombre romano de la antigua familia Aurēlius. Es la versión femenina de Aurelio, algunos santos en la antigüedad llevaban este nombre.

Aurora—De origen latino, proviene de *aurum* (oro). También tiene sus raíces en el nombre romano de la familia Aurēlius. Se dice que el Dios romano de la mañana tomó este nombre por los colores dorados que predominan en el alba.

Avanta—Nombre de origen indígena americano que quiere decir "tortuga". La tortuga representa el vientre de la Madre Tierra y es el símbolo del poder de la energía femenina en todas sus formas. Es la diosa de las doncellas, las madres y también la furia. Representa la creatividad, la preparación y la paciencia. Variaciones: Awanta y Awanata.

Avellina—Nombre de origen español, es la versión femenina de Abellino. El nombre se deriva de la ciudad de Avellino, el lugar de los avellanos y los árboles de avellanas. Diminutivos: Lina. Variaciones: Abelina y Avelinda.

Avendela—También de origen indígena americano, quiere decir "la madrugada o la aurora de un nuevo día". El nombre se le da usualmente a las niñas que nacen durante el amanecer. Variación: Awendela.

Avenita—De origen indígena americano, quiere decir "cervato". De acuerdo con las creencias indígena americanas un venado representa la gentileza, el amor y la compasión. Es a través de su gentileza que el venado nos enseña a encontrar el corazón y la conciencia de aquellos que cruzan nuestros caminos. Según la mitología indígena americana el venado lleva a los humanos, que así lo desean, a conocer la naturaleza de los espíritus. Variación: Awenita.

Azalia—De origen griego, significa "seco". También se le llama así a una flor desértica que tiene los colores púrpuras, rojos y rosados en sus pétalos. La flor crece con poca o ninguna luz solar. Variación: Azalea.

Azucena—Nombre de origen árabe, derivado de la palabra española *azucena* (lirio blanco). El lirio es el símbolo de la pureza y la perfección. Es muy común usar el lirio como ofrenda en los funerales para honrar la bondad del fallecido.

Bárbara—De origen griego, significa "extranjero o advenedizo". Dice una legenda que Santa Bárbara fue una jovencita encerrada en una torre hecha por su padre con la expresa intención de mantener a los hombres, especialmente a los cristianos, alejados de ella. Por cosas del destino un joven doctor cristiano logró entrar a la torre y tuvo éxito al convertir a la joven al cristianismo. Cuando el padre ordenó que le cortaran la cabeza a la Santa Bárbara, del cielo cayó un rayo que lo mató.

Beatriz—Nombre de origen latino, que se deriva de la palabra *beatus*, que significa "felíz y bendito". Este nombre ha llegado a tener el significado de "portadora de gozo". Diminutivos: Bebe, Beti, Tichi. Variaciones: Beatricia y Viatrice.

Belén—Nombre de origen hebreo. La palabra proviene de Belén de Judea lugar donde nació Jesucristo. El nombre quiere decir "la casa del pan". Es posible que esté relacionado con el acto de tomar el cuerpo de Cristo, representado por el pan, durante la misa. Por ello existe relación con el significado de "la casa del pan". También pudiera asociarse con las enseñanzas de Jesucristo ya que a través de sus acciones él les dio a los cristianos la base de su religión.

Belia—Es de origen español, proviene de la palabra *bella*, por lo tanto el nombre es sinónimo de "hermosa".

Beliarosa—Este nombre es de origen español y combina los elementos de bella (hermosa) con rosa (la flor de los rosales) que tiene como significado "la rosa hermosa".

Belicia—Nombre de origen latino, proviene de Elizabeth (Dios es mi juramento). También se da este nombre por separado. Variaciones: Belicia, Belita y Betina.

Belinda—De origen alemán, quiere decir "dragón". Otras traducciones ofrecen un significado diferente con la combinación de Belia y Linda. Su significado más actual es "hermosa", aún así hay otra traducción que ofrece como significado "el escudo de un oso."

Belloma—De origen latino, quiere decir "el Dios de la guerra o guerra."

Bena—Nombre de origen indio americano que quiere decir "placentero" o también pudiera ser un diminutivo del nombre Benedicta.

Benedicta—De origen latino, que quiere decir "bendita". Es la versión femenina del nombre Benedicto. La niña que lleva este nombre le rinde homenaje a San Benito también conocido por "la Regla de San Benito", un gran sanador y respetado maestro. Diminutivos: Bena. Variación: Benita.

Bernardina—De origen alemán, es versión femenina de Bernardo. Este nombre combina los elementos de *ber* (oso) con *hard* (corazón, fuerte y poderoso). El nombre significa "tan fuerte como un oso". Dos santos muy famosos llevaron este nombre en la antigüedad. Uno de ellos fue San Bernardo de Montjoux, patrón y santo de los esquiadores y de los que vivían en las montañas. El otro santo fue San Bernardo de Claraval, patrón y santo de los apicultores.

Bernicia—Nombre de origen griego que quiere decir "el que trae la victoria".

Betsabé—Nombre de origen hebreo, proviene del nombre Bathsheba, quiere decir "hija de un juramento o hija de Sheba." En la Biblia esta hermosa mujer se casó con el rey David y le dio como hijo a Salomón quien después heredó el trono de su padre. Diminutivos: Besty. Variaciones: Batsheva y Besabela.

Bibiana—De origen latino y se deriva de la palabra vivar (vivir). Significa "viviente, viviendo". También puede ser traducido como "el o la que vive una vida plena, conciente de cada momento". Los cognados de este nombre aparecen varias veces en el *Diccionario de los Santos*. Diminutivo: Bibia. Variación: Bibiano.

Blanca—Nombre de origen español que literalmente significa "blanco". Este nombre gozó de mucha popularidad en el mundo en diferentes épocas pero últimamente ha perdido popularidad. Diminutivos: Cuca, Quita. Variación: Blanch y Vianca.

Bona—De origen latino, el nombre combina la palabras *bona* (buena) con *día* (divinidad), su significado es "La diosa de lo bueno". Ella era en la cultura romana la diosa de la fertilidad y de las mujeres. Variación: Bonita.

Brígida—Nombre de origen celta que quiere decir "fuerza o protección". Aunque el nombre aparece varias veces en el *Diccionario de los Santos*, la santa más famosa que llevaba este nombre fue Santa Brígida de Irlanda. Ella es patrona de los pozos, la inspiración, el fuego, la poesía y la sanación. Su celebración coincide con la Purificación de Nuestra Señora el 2 de febrero. Diminutivo: Gidita. Variaciones: Brigda, Brigid y Briget.

Cabalina—De origen latino y proviene de la palabra *caballinus* (que pertenece al caballo). Los conquistadores trajeron los caballos de España al continente americano. Tiempo después de la conquista, las riquezas de una familia se medían por la cantidad y calidad de sus caballos.

Calida—Proviene del latín y quiere decir amorosa.

Caliopa—De origen griego, este nombre es una combinación de las palabras griegas *kallos* (hermosa) y *ops* (voz). El nombre significa "la voz hermosa". En la mitología griega la musa de la poesía épica y de la expresión llevaba este nombre. Caliopa fue también la madre de Orfeo.

Calixto—De origen griego, proviene de la palabra *kallos* (hermoso). El nombre quiere decir "el más hermoso". Un conocido cognado de este nombre es Calista, el cual se popularizó durante la transmisión de una serie televisiva. Las variaciones de este nombre aparecen repetidas veces en el *Diccionario de los Santos*. Diminutivo: Cali. Variaciones: Calista y Calistia.

Camelia—De origen latino, se deriva de la palabra *camilla* (virgen de caracter puro). En el siglo XIII una mártir con este nombre escogió morir ahogada con el propósito de poder preservar su virginidad. Existe también un capullo de una flor cuyo nombre se escribe de la misma manera. Dicha planta da unas flores de consistencia cerosa y en forma de rosa. Variaciones: Camelea y Camelia.

Candelaria—Nombre de origen latino y la versión femenina de Cyelario. Este nombre de la palabra española *candelario* (vela de cera). El nombre se refiere a la festividad católica conocida como "La Purificación de Nuestra Señora" que se celebra el 2 de febrero. Durante esta festividad muchos cirios de cera se encienden para iluminar el camino por donde pasa la Sagrada Familia durante el invierno camino al Templo. Diminutivos: Candelina. Variación: Candelona.

Caparina—El nombre representa un tipo de mariposa.

Caridad—Nombre de origen latino que quiere decir "querida", aunque en español se traduce como "caridad". Dice la historia que una jovencita con este nombre murió junto con su madre y sus hermanas durante el siglo II. Los atributos venerados de la caridad se pueden leer en la primera carta a los Corintios, versículo 13, algunos versos de este pasaje se leen frecuentemente durante las bodas. Diminutivos: Cari y Carucha.

Carina—De origen latino, quiere decir "afectuosa y amorosa". El día de esta Santa se celebra el 7 de noviembre. Variaciones: Cariana, Carima, Carimisa.

Carisa—De origen griego, quiere decir "hermosa y llena de gracia". Un cognado en italiano de esta palabra significa "querida". Durante el siglo IV una mártir con este nombre sirvió y murió en la orden de Santa Úrsula, la patrona de la enseñanza de las jovencitas. Ellas son recordadas como "las once que ascendieron al cielo". Tiene como variación a el nombre de Carísima.

Carita—Nombre de origen latino que significa "caridad".

Carlota—Nombre de origen alemán. Es la versión femenina más popular de Carlos. El nombre viene de la palabra alemana *karl* (fuerte y varonil). A las niñas a las que se les da este nombre es en honor a San Carlos, quien fue un santo que invirtió toda su fortuna y tiempo al cuidado de los enfermos durante la época de la peste. También fue el fundador de la escuela matutina "El Sol" para la Fraternidad de Doctrina Cristiana. Diminutivo: Carly. Variaciones: Carlota y Carola.

Carmen—De origen hebreo, quiere decir "viñedo y pastizal abundante". Este nombre se deriva del nombre del Monte Carmelo localizado en Israel donde los monjes de la época del cristianismo se reunían bajo la orden de Nuestra Señora del Monte Carmelo. Dicha orden rinde reverencia a la Virgen María. Diminutivo: Carmencita. Variación: Carmela.

Carolina—Nombre de origen alemán, es también la versión femenina de Carlos. El nombre viene de la palabra *karl* que significa fuerte y varonil. Siguiendo la tradición hispana de darle a la niña el nombre que coincida con el ambiente que la rodea, éste nombre es bastante popular en Carolina del Norte y del Sur.

Casandra—Nombre de origen griego. De acuerdo con la mitología griega Casandra era una mujer clarividente.

Catalina—También de origen griego, el nombre quiere decir "pura o limpia". De todas las Catalinas de la martirología romana, Santa Catalina de Alejandría es la más famosa. Dice la historia que Santa Catalina era una reina sumamente hermosa que se ganó la admiración del emperador, pero no le correspondió al soberano porque dedicaría su vida a Cristo. Su rechazo enfureció tanto al emperador que éste mandó que Santa Catalina fuera ejecutada. La máquina de tortura no la mató y por el contrario se rompió en pedazos matando a los espectadores. Otra santa muy famosa con este nombre fue Santa Catalina de Sienna, ella no sólo fue canonizada sino que se le dió el grado honorario de Doctora de la Iglesia aunque era analfabeta. Se le puede pedir protección en contra de los incendios porque se le vió salir ilesa de un gran fuego. Diminutivos: Calina, Rina, y Trina. Variaciones: Catalina y Cathalina.

Cecilia—De origen latino, proviene del antiguo apellido romano *Caecilius*, el cual tiene sus raíces en la palabra *caecus* que significa ciego. Santa Cecilia fue forzada a casarse con un hombre pagano. Dice la historia que durante la ceremonia ella oró a Dios a través de la música y por eso ahora se le conoce como la patrona de los músicos y de los poetas. Tiempo después ella pudo convertir a su esposo al cristianismo. Diminutivos: Cecy y Chela. Variaciones: Celicia y Celilia.

Celadonia—El nombre hace referencia a un pájaro que tiene patrones migratorios muy fijos. Este pájaro regresa a la Misión de San Juan Capistrano en el Sur de California de forma tan constante que cada año se celebra su regreso a su hogar de veraneo. Diminutivos: Cela. Variaciones: Aledonia y Celedonia.

Celestina—Nombre de origen latino, proviene de la familia romana *Caelius* que tiene sus raíces en la palabra *caelum*, que significa "cielo". El nombre significa que "que pertenece al cielo". Diminutivos: Celcia. Variación: Celstyna.

Celina—De origen griego, el nombre decribe el esplendor y la luz de la luna, también es el nombre de la Diosa griega de la luna conocida como Selene. Tiene como diminutivos Lina y Nina. Variaciones: Celene y Selena.

Chabela—De origen latino, tiene sus raíces en el nombre de Elizabeth (Dios es mi juramento). Se usa por separado a Elizabeth. Diminutivos: Chabi. Variacioń: Chavela.

Chalina—De origen latino, se deriva de Rosa.

Charo—De origen latino, tambien sus raíces provienen de la palabra rosa, su variante es Chara.

Chenoa—Nombre de origen indígena americano, quiere decir "paloma blanca" La paloma es conocida por ser el símbolo de la paz.

Chimalis—También de origen indígena americano, quiere decir "pájaro azul".

Chitsa—Otro nombre de origen indígena americano, que quiere decir "de tez blanca."

Cholena—De origen indígena americano, quiere decir "pájaro". El pájaro es el animal que representa la libertad; que se encuentra sólo cuando una persona está a tono con su naturaleza pese a la intolerancia, el miedo y los prejuicios. Simboliza también la esencia de reflexionar y compartir el don único que regala Dios.

Cipriana—De origen latino, es la versión femenina del nombre Cipriano. Significa "aquel que viene de Chipre;" isla en el Mar Mediterraneo en las costas de Turquía.

Clara—De origen latino, proviene de *clarus* que significa claro. También quiere decir brillante. Aunque hubo muchas santas con este nombre, Santa Clara de Asís es la más venerada. Durante el siglo XIII ella encabezaba la orden de "las damas pobres" o "las Claras Pobres". Estas monjas vivían una vida austera aceptando sólo lo básico para sus nececidades. Se le conoce como la patrona de la televisón por una visión que tuvo del Niño Dios en el pesebre. Diminutivo: Clarita. Variación: Clarisa.

Claudia—De origen latino, es la versión femenina de Claudio. El nombre proviene del apellido romano Claudius, que tiene sus raíces en la palabra *claudius*, que significa "común." Las variantes de este nombre que se encuentran en el *Diccionario de los Santos* son más de cuarenta. Diminutivos: Clodita. Variación: Clodia.

Clemencia—De origen latino, es la versión femenina de Clemente. Usualmente las niñas bautizadas con este nombre honran a San Clemente quien fue el cuarto papa. El nombre quiere decir "tolerante, misericordioso" y a veces, lleva una connotación del clima, ya que en algunos pueblos se goza de un clima cálido y templado. Diminutivos: Lencha. Variación: Clemcia.

Clotilde—De origen alemán, quiere decir "una batalla estruendosa." Dice la leyenda que la esposa del rey Clovis dio a luz en medio de una batalla y que su vida y la del niño fueron salvadas gracias a las oraciones de San Leonardo. Variaciones: Cleatilde y Clotilia.

Concepción—De origen latino, el nombre quiere decir concepción y hace referencia a la Inmaculada Concepción de la Virgen María. Se rinde tributo a la concepción de la Virgen el 8 de diciembre. Recientemente este nombre ha ganado gran popularidad. Diminutivos: Concha y Conchita. Variación: Conscenciana.

Conseja—De origen latino, proviece de la palabra española consejo. El nombre hace referencia a Nuestra Señora del Buen Consejo, su día se celebra el 26 de abril.

Constanza—De origen latino, proviene de la palabra constant que significa perseverante y estable.

Coral—De origen latino, toma prestado su nombre de los corales marinos. Los colores del coral son variados, desde el negro, el rojo, el rosa, el azul hasta el blanco. El coral representa la diplomacia y la harmonía. Algunos de sus atributos más preciados son la paz y la tranquilidad que transmiten en los arrecifes.

Corazón—De origen español, hace referencia al Sagrado Corazón de Jesús.

Cordilla—De origen latino y también significa "corazón."

Corina—De origen latino, quiere decir "doncella." Proviene del nombre Kore de la mitología griega. También el nombre es conocido como Perséfone, hija de la diosa de la primavera y de la fertilidad. Dice la leyenda que cuando Perséfone comió granadas del mundo inferior dejó de ser una doncella ingenua. Ella entendió que el lado oscuro nos permite contrastar y apreciar la buena fortuna. Perséfone nos ayuda a aceptar la coexistencia de lo agradable y lo desagradable, lo bueno y lo malo, el gozo y el sufrimiento. De acuerdo con la leyenda esta diosa también actúa como un puente entre el mundo de los vivos y los muertos. A los vivos les recuerda que vivan una vida plena, y a los muertos les indica el camino al renacimiento. Variación: Corinna.

Crescencia—De origen latino, proviene de la palabra latina *crescencianus* que significa "crecer." Posiblemente el nombre esta relacionado al medio creciente de la luna. Diminutivos: Chencha. Variaciones: Cresanto y Cresentino.

Crispina—De origen latino, es la versión femenina de Crispín. El nombre proviene de la palabra *crispus* que quiere decir "rizado". El nombre le rinde honor a San Crispus de Tagora.

Cristina—Del griego que significa "cristiano." Se rinde homenaje a Santa Cristina la Asombrosa por sus capacidades psíquicas y sentido del olfato tan refinado. Ella dedicó su vida a orar para salvar las almas del purgatorio, después de haber experimentado la muerte y haber despertado en su propio funeral. Diminutivos: Chrystie, Nina y Tina. Variación: Crestena.

Cruza—De origen latino, es la versión femenina de Cruz. Proviene de la palabra en español *cruz* que hace referencia a la cruz donde Jesucrito fue crucificado. Diminutivos: Cruzita. Variaciones: es Cruzelia.

Dalia—De origen anglosajón. Este nombre se refiere a una flor muy bonita y de colores muy brillantes del México indígena y a la que se le dio este nombre en honor del botánico sueco del siglo XVIII Dahl. Variaciones: Dalia y Dilana.

Damario—De origen latino, quiere decir "ternero." Variación: Damiris.

Damiana—De origen griego, proviene de la palabra *damān* que quiere decir "domar". El nombre quiere decir "domador o guía". Damiana es la versión femenina de Damián. Variación: Domiana.

Damita—De origen latino, quiere decir "dama de la nobleza."

Daniela—De origen hebreo, quiere decir "Dios juzga o Dios es mi juez." Es la versión femenina de Daniel.

Davida—De origen hebreo, también es la versión femenina de David. El nombre quiere decir "amado o amigo." Muchos de los santos en el *Diccionario de los Santos* llevan este nombre.

Débora—De origen hebreo, proviene de la palabra *devōrāh*, que significa "la abeja". Sin embargo, el significado del nombre ha cambiado hasta el punto de significar "panal de abejas". Otras de sus traducciones son "hablar con palabras dulces y bondadosas". En la Biblia Devorah fue la profeta que guió a su pueblo en contra de los cananeos. Diminutivos: Debby. Variaciones: **Déborah** y Devorah.

Décima—De origen latino, quiere decir "el décimo lugar". Según la tradición este nombre se le da al hijo número diez.

Delfina—De origen latino, proviene de la palabra griega *delphin* que significa "delfín". El delfín es un animal sagrado para muchas culturas, ya que se les considera muy inteligentes y ejemplo de jovialidad. Los delfines son considerados como un símbolo de vida y nos enseñan a liberar nuestras emociones y a encontrar armonía. Podemos darnos cuenta de esto al verlos nadar con un ritmo muy parecido a las olas del mar. El nombre está relacionado con la palabra latina *Delphīna* o la mujer de Delfi. Diminutivo: Finita. Variaciones: Delphia y Dolphina.

Delicia—De origen latino, quiere decir "aquella que produce placer y delicia". Variaciones: Deliciano, Delia y Delysa.

Demetria—De origen griego, quiere decir "que pertenece a Démeter", la diosa griega de la agricultura y la fertilidad. Ella está a cargo de vigilar el crecimiento y desarrollo de las cosas, particularmente los granos. La leyenda dice que cuando su hija Perséfone se perdió en el mundo subterráneo de Hades, Démeter estuvo de luto por su hija. Se dice que Perséfone comió seis granadas mientras estaba en el mundo subterráneo y que como consecuencia tuvo que quedarse en la oscuridad un mes por cada granada que se comió. Durante la ausencia de su hija, la diosa Démeter no permitió que nada creciera en la tierra y así este evento marcó las estaciones de otoño e invierno. Este nombre aparece 53 veces en el *Diccionario de los Santos*.

Desideria—De origen latino, de la palabra *desiderius* que significa "muy bueno o muy bien." Otras fuentes indican que el nombre se deriva de una palabra francesa que significa "deseo".

Destina—De origen español, proviene de la palabra "destino."

Deyanira—Este nombre es de origen griego y quiere decir "el que mata a la fuerza". Dice la leyenda que la esposa de Hércules lo mató sin querer, en un esfuerzo por ganar el amor del héroe. Variaciones: Dellanira y Deyamira.

Diana—De origen griego, proviene del nombre latino Diviana, que significa "la divina". En la mitología romana, ella era la diosa de la luna, la caza, los animales salvajes y de las mujeres en edad de tener hijos. En la antigüedad Diana era adorada por su habilidad atlética, su fuerza y su gracia. Como cazadora su habilidad era inigualable.

Dina—De origen hebreo, proviene de la palabra *dīnāh* que significa juicio. En la Biblia ella era la hija de Jacob. Variaciones: Dina y Dinorha.

Dionisa—De origen griego, que quiere decir "consagrada a Dionisio." En la antigüed Dionisio era el dios dedicado a la fertilidad, el vino y las celebraciones de cualquier tipo. Las variaciones de este nombre aparecen 68 veces en el *Diccionario de los Santos*. Diminutivos: Nicha. Variaciones: Diocelina, Dionisea, y Dioysia.

Dolores—De origen latino, proviene de la palabra de *dolores* que significa "sufrir o pena". El nombre hace referencia a los siete dolores que la Virgen María sufrió al ser la madre de Jesucristo. Diminutivos: Dolorcitas, Dolorita, Lola, Lolita. Variaciones: Dolarez y Dolora.

Dorolinda—De origen latino. Este nombre combina los atributos de los nombres de Dorotea (regalo de Dios) y Linda (hermosa o bonita). El nombre quiere decir "hermoso regalo de Dios)".

Dorotea—De origen latino, combina las palabras *dōron* (regalo) con *theos* (Dios). El nombre significa "regalo de Dios". Dieciocho santos llevan este nombre. Diminutivos: Dori, Dorita y Lola. Variaciones: Dorinda y Dorotia.

Dulce—De origen latino, surge de *dulcis* que significa "dulce o agradable". Homenajea al "dulce nombre de María", su día se celebra el 12 de septiembre. Variación: Dulcinea.

Edelmira—De origen alemán, es versión femenina del nombre alemán Adelmar, el cual combina las palabras *adal* (noble) con *mar* (gente, raza). El nombre significa "de raza noble." Diminutivos: Mima y Mimí. Variaciones: Almira y Edelmida.

Edenia—De origen hebreo, es el equivalente de la palabra Edén que tiene sus raíces en la palabra hebrea *ēdhen* (delicia). En la Biblia el Jardín del Edén fue donde Adán y Eva vivieron en un principio.

Edita—Derivado de la palabra anglosajona *ēad* que significa rico y próspero. Muchos santos llevaron este nombre. Variación: Edith.

Electa—De origen latino, quiere decir "la elegida".

Electra—De origen griego, proviene de la palabra *ēlektōr* que significa "brillante". Sin embargo, el nombre también significa "el millonario". Variación: Alectra.

Elena—El equivalente en español del nombre griego Helena. Proviene de la palabra *Helene*, que a su vez tiene sus raíces en la palabra *ēlē*, que quiere decir "la luz". El nombre significa "brillante o resplandeciente". Otro de sus significados es "mujer de Grecia". Santa Elena fue la santa que encontró la cruz donde fue crucificado Nuestro Señor Jesucristo. Diminutivos: Nena. Variaciones: Alena, Elaine y Helen.

Eleonor—De origen griego. Nombre que viene de la palabra *Helenē* que a su vez tiene sus raíces en la palabra *ēlē*, que quiere decir "la luz". El nombre significa "brillante o resplandeciente". Otras fuentes dan el significado del nombre como "Dios de mi juventud". Diminutivos: Nora. Variación: Eleonora.

Eleuthera—De origen griego, es la versión femenina de Eleuterio. El nombre proviene de la palabra *eleutheria* que quiere decir libertad. Más de 20 santos tienen este nombre en el *Diccionario de los Santos*. Diminutivos: Tella. Variaciones: Eleutina y Elutena.

Elizabeth—De origen hebreo, proviene de la palabra *elīsheba'* que significa "Dios es mi juramento". Otro de su significado es "Dios es plenitud". De acuerdo con la Biblia Elizabeth era la prima de María y madre de Juan el Bautista. Diminutivos: Betsi, Elsa, Nena. Variaciones: Elisabet, Elisa y Elizabe.

Eloísa—De origen alemán significa "completo". Variaciones: Eloyza y Elysa.

Elsa—De origen alemán, se deriva del nombre Adelaida, cuyas raíces se encuentran en la palabra *adal* que significa noble.

Elvira—De origen alemán, que quiere decir amigable y amable. Diminutivos: Vivita. Variación: Eviria.

Emalinda—De origen latino, que combina el nombre de Emma que significa "abuela o fortaleza", con el nombre de Linda, que significa "hermosa o bonita". El nombre completo significa "la belleza en la fortaleza o fuerza" o también "la belleza que viene con la edad". En la cultura latina las abuelas son las encargadas de mantener la historia de la familia y las tradiciones que pasan a las generaciones más jovenes a través de parábolas e historias o cuentos. El nuevo significado es "una mujer de edad muy sabia o una sabiduría magnífica".

Emelia–De origen alemán y latino al mismo tiempo. Cabe la posibilidad de que provenga de la palabra alemana *amal* que significa "trabajo", lo que le brinda a este nombre un significado de "diligente o trabajador". Sin embargo, otros creen que el nombre tiene sus raíces en el apellido *Aemelius*, de origen latino que es derivado de la palabra *aemulus* que quiere decir "imitar o emular en un esfuerzo por igualar o llegar a ser mejor". Diminutivos: Emelina, Lila y Mila. Variaciones: Emila, Hemelia y Milana.

Emereciana–De origen latino, proviene de la palabra *emeritus* que significa "digno de mérito", que a su vez se deriva de la palabra *ēmereo*, que significa "ganar, merecer o garantía de cosas buenas". Variaciones: Emenziana y Emenrosia.

Emma–De origen alemán, quiere decir "abuela". En el alemán moderno se cree que el nombre se deriva de la palabra *erm* que significa "fuerza". Este significado refuerza la definición de "la fuerza de una mujer mayor de edad".

Encarnación–De origen español, se deriva de la msima palabra con el mismo significado. Este nombre hace referencia a la manifestación de Jesucristo en un cuerpo mortal. Jesucristo el segundo personaje de la Trinidad y la forma viva de Dios. El nombre simboliza el Verbo Divino, la esencia de Dios hecho hombre.

Eneida–Derivado de la palabra griega *ainein*, que significa "alabar". Otras fuentes sugieren que su significado es "ver". Variación: Enerida.

Engracia–De origen latino, proviene de *in gratia* que significa "aquel que ha hallado gracia ante los ojos del Señor o también por la gracia de Dios". Diminutivo: Quique. Variación: Gracia.

Enriqua–De origen alemán, es la versión femenina de Enrique, nombre equivalente en español al nombre alemán Heinrich, que significa "el que da las órdenes en una casa". Muchos santos llevan este nombre. Diminutivos: Queta y Quetita. Variación: Enriqueta.

Epifanía—De origen griego, es la versión femenina de Epifanio. Nombre derivado de *epiphaneia* que significa "aparición o manifestación". Se relaciona con la Epifanía que honra tres eventos: la visita de los tres reyes magos, el bautismo de Jesús y el primer milagro de Jesús en las bodas de Canaán. Diminutivos: Pifania. Variaciones: Epephania y Esifania.

Eréndira—De origen indígena americano, quiere decir "el que sonríe". De acuerdo a la leyenda azteca, ella era la princesa de México. Variación: Alrendia.

Ernesta—De origen alemán, es la versión femenina de Ernesto. El nombre quiere decir solemne, leal y sincero. Diminutivo: Tina. Variación: Eristina.

Esmeralda—De origen español, nombre de piedra preciosa. Se le conoce como la piedra de los amores correspondidos. Se dice que esta piedra inspira éxtasis en el hogar y que instila compasión y lealtad dentro de uno mismo y de otros. Variaciones: Emerya y Ezmeralda.

Esperanza—De origen español, significa "esperar por algo, fe, caridad y amor". En la Biblia es utilizada como el sinónimo de Dios. Diminutivo: Perita. Variaciones: Esperaza y Espraza.

Espiridiana—De origen griego, es la versión femenina de Espiridión, que es el quivalente en griego de *Spiridion* (el que hace canastas). Nombre que tiene sus raíces también en la palabra *spīra* (espiral). Sólo algunos santos llevaban este nombre. Diminutivo: Spriana. Variaciones: Espiridiosa y Espedia.

Estebana—De origen griego, es la versión femenina de Esteban. Proviene del nombre latino Stephanus, que a su vez tiene sus raíces en el nombre griego **Staphanos** (corona o tocado que adorna la cabeza). Aunque 82 santos tienen este nombre, sólo uno es el más conocido y honrado de todos. San Esteban fue el primer mártir cristiano, fue un predicador sumamente poderoso y uno de los siete diáconos que servían como asistentes a los doce apóstoles. Diminutivo: Stefa. Variaciones: Estafina y Estevana.

Estela—De origen latino, quiere decir "estrella" o "constelación celestial". Diminutivos: Nita y Telita. Variaciones: Estila y Estrel.

Ester—De origen persa, también significa "la estrella o cuerpo celestial". Diminutivos: Esterlita. Variaciones: Estar y Esteranza.

Estsanatlehi—Este nombre es de origen navajo y quiere decir "la mujer que cambia". Estsanatlehi es conocida como la diosa de la creación, porque simboliza a la tierra que cambia constantemente y que se renueva a sí misma con las plantas que nacen, crecen y mueren cada año. Este nombre tiene su origen en los cambios de la tierra. Se dice que durante la primavera esta diosa es representada como una doncella, durante el verano y el otoño se representa como una mujer y madre de familia, y durante el invierno es una anciana. Se dice que ella es la creadora de todas las canciones y ritos asociados con la bendición de los caminos y las ceremonias que se llevan a cabo con la finalidad de tener esperanza y buena fortuna.

Etenia—De origen indígena americano, quiere decir "riquezas".

Eufemia—De origen griego. El nombre combina los elementos de las palabras *eu* (bueno y fino) con *phēmē* (voz). El nombre quiere decir "tener una voz fina". Otras fuentes traducen el nombre como "un buen informe". Muchos santos llevaban este nombre. Diminutivos: Femia. Variaciones: Eufenia y Euphemius.

Eufrasia—De origen griego, quiere decir "lleno de gozo". De todas las santas que se llamaron así, la más sobresaliente fue una joven de Constantinopla que a los siete años de edad se convirtió en monja. Diminutivos: Fresia. Variaciones: Eufacia y Eufrania.

Eugenia—De origen griego, es la versión femenina de Eugenio. Este nombre se deriva de la palabra *eugenēs* (de noble cuna o nacido en la aristocracia). El nombre aparece 54 veces en el *Diccionario de los Santos*. Diminutivo: Queña. Variación: Egenia.

Eulalia—De origen griego. Este nombre combina las palabras *eu* (bien) y *lalein* (hablar). El nombre significa "aquella que habla bien". Diminutivos: Lali y Layita. Variaciones: Eralia y Eulilia.

Eunice—De origen griego. El nombre combina los significados *eu* (bien) con *nikē* (victoria) y denota "una victoria feliz o sobresaliente". Sólo algunos santos llevan este nombre. Variación: Eunecia.

Eutimia—De origen griego, quiere decir "aquella persona que se honra". Este nombre aparece muchas veces en el *Diccionario de los Santos*.

Eutropia—De origen griego. Este nombre combina los significados *eu* (bueno) con *tropis* (el asiento del vino). Su connotación es "buen espíritu."

Eva—De origen hebreo, proviene de la palabra *hawwāh*, que quiere decir "vida". Por medio de la Biblia nos damos cuenta de que Eva fue la primera mujer y madre de toda la humanidad. Diminutivo: Evita. Variación: Ava.

Evangelina—De origen latino, proviene de la palabra *evangelium* que significa "el evangelizador o el que trae las buenas nuevas". El nombre hace referencia a cuatro de los profetas cristianos: Mateo, Marcos, Lucas y Juan. El grupo Los Lobos fue uno de los primeros grupos musicales hispanos en cantar una canción titulada Evangelina, lo que aumentó popularidad del nombre.

Exaltación—De origen latino, quiere decir "glorificar o alabar". El nombre rinde homenaje a las festividades del 14 de septiembre conocidas como La Exaltación de la Santa Cruz. En esa fecha se conmemora el día en que la Santa Cruz fue trasladada de Jerusalén. Diminutivo: Salto. Variación: Asoltación.

Fabiola—De origen latino, proviene del apellido romano Fabius, el cual tiene sus raíces en la palabra *faba* que significa "frijol". Variación: Fabola.

Fátima—De origen árabe, aunque el nombre se da en honor de Nuestra Señora de Fátima, Virgen que se le apareció a tres pastorcitos en 1917. Los niños se llamaban Lucía, Jacinta y Francisco y vivían en la villa de Fátima en Portugal. La Virgen les pidió que les dijeran a todos en la villa que permanecieran fieles al Inmaculado Corazón de la Virgen María. Para comprobar su autenticidad como ser celestial predijo que el sol proyectaría un arco iris que se reflejaría en la tierra.

Faustina—De origen latino, es la versión femenina de Faustino. Deriva de la palabra *faustus* que quiere decir "el que trae buena suerte", a su vez esta palabra tiene sus raíces en *fauste* que quiere decir "próspero, con buena suerte y afortunado". Este nombre aparece 87 veces en el *Diccionario de los Santos*. Dice la historia que Santa Faustina vivió en el siglo pasado y tuvo la bendición de ver a Jesucristo todos los días de su vida. Diminutivo: Fata. Variación: Faustia.

Febe—De origen griego, proviene del nombre Phoebe, que a su vez se deriva de la palabra *phoibos* que quiere decir "brillante o tintilante". Hace referencia a la luminosidad de la luna.

Felipa—De origen griego, es la versión femenina de Felipo. Este nombre combina los significados *philos* (amor) con *hippos* (caballos). El expresa "aquel que ama a los caballos". A las niñas a quien se les da este nombre lo reciben en honor al apóstol Felipe. Diminutivo: Felipita. Variaciones: Felopa y Philipa.

Felixa—De origen latino, quiere decir "afortunado o feliz". Es la versión femenina de Félix. Cuenta la leyenda que San Félix escapó de una persecución con la ayuda de un ángel. San Félix se escondió en una cueva donde una araña tejió su telaraña muy gruesa a la entrada de la cueva y que esto ocultó al santo. Se dice que San Félix era un hombre compasivo y generoso. Variaciones: Felícita, Felicity y Felixta.

Fidela—De origen latino, proviene de la palabra *fidelis* que quiere decir "fiel, digno de confianza y leal". En la época Victoriana los retratos pintados de las bodas siempre tenían un perro que representaba la fidelidad, por ello el nombre de Fido para los perros fue muy popular. Diminutivo: Fela. Variación: Fidelia.

Filomena—De origen griego, combina los significados de *philos* (amor) con *menos* (espíritu). El nombre expresa "espíritu amoroso". El nombre lo llevó una joven virgen que también fue mártir por reusarse a amar a Dionisios. En 1802 se encontraron sus objetos personales. Diminutivo: Mena. Variación: Philomena.

Flavia—De origen latino, quiere decir "amarillo". Este nombre usualmente se le da a una niña que tenga el cabello rubio.

Florencia— De origen latino, proviene de la palabra *florens*, que quiere decir "floreciendo". Este nombre aparece 66 veces en el *Diccionario de los Santos*.

Diminutivo: Florita. Variaciones: Flora. Florida y Flor-
inda.

Francisca—De origen latino, surge de la palabra francesa *franc* (libre). El nombre también quiere decir "el
que viene de Francia u hombre libre". Este nombre es
la versión femenina de Francisco. Con él se honra a
San Francisco de Asís, un hombre excepcional y de
una gran espiritualidad. Dice una leyenda que un joven
aprendiz estaba muy emocionado por estar al lado del
santo porque deseaba aprender de sus sermones.
Cuando fueron a la plaza, San Francisco empezó a hablar con la gente acerca de su día y de su relación con
Dios, por lo que el joven aprendiz hizo lo mismo. Poco
tiempo después regresaron al monasterio y el joven le
preguntó desesperado cuando iban a dar el sermón. El
santo hombre le dijo que ya lo habían hecho, porque
habían predicado al ser un ejemplo de amor, de fe y
de bondad. Diminutivo: Chica. Variación: Frencisia.

Fuensanta—De origen latino, se deriva de las palabras
fons (fuente u origen) y *sanctus* (santo, sagrado). El
nombre quiere decir "fuente sagrada u origen santo".
El nombre rinde homenaje a la Virgen María, Nuestra
Señora de la Fuensanta. Diminutivo: Fuenta.

Gabriela—De origen hebreo, proviene de la palabra
gavhrī' ēl (Dios es mi fortaleza). Es la versión femenina de Gabriel, el ángel mensajero y el que tocará su
trompeta y llamará a los seres humanos de regreso al
hogar celestial en los últimos días. Las variaciones de
este nombre se encuentran 24 veces en el *Diccionario
de los Santos*. Diminutivos: Bel y Gabi. Variaciones:
Gabriela y Graviela.

Genaida—De origen griego, proviene de la palabra *genēs*
que significa "nacer". Otras traducciones ofrecen el
significado de "noble nacimiento".

Generosa—De origen español y quiere decir "generoso".

Genoveva—De origen celta, está compuesto por los significados *genos* (gente o tribu) y *eva* (vida o la primera mujer). Este nombre denota "el alma de nuestra tribu o la escencia de nuestra gente". Otra traducción ofrece el significado de "blanca". Este popular nombre tiene más de 100 variaciones siendo dos de las versiones más comunes Genevive y Jeneva.

Gertrudis—De origen alemán, proviene de las palabras *ger* (la lanza) y *trut* (querido), de modo que el nombre tiene por significado (aquel que ama una lanza). Diminutivo: Trudel. Variación: Gertrudia.

Gisela—De origen alemán y quiere decir "ruego o promesa".

Glenda—De origen anglosajón y quiere decir "entero, justo y bueno".

Gloria—De origen latino, quiere decir "fama, honra, y grandeza" y nos describe la magnificencia de los cielos. Diminutivos: Glori, Glorinda.

Goseliva—De origen alemán, equivalente a Godiva (regalo de Dios).

Graciela—De origen latino, proviene de la palabra *gratia* (graciosa y amable). Este nombre hace referencia a la gracia de Dios, sus bendiciones y el regalo de la vida. Las variaciones de este nombre aparecen 16 veces en el *Diccionario de los Santos*. Diminutivos: Chelita y Cheya. Variaciones: Graciana, Gracila y Graziella.

Griselda—De origen alemán, proviene de la palabra *gries* (gris o piedra). Dice la historia que este nombre se le dio a una mujer a quien su esposo le hacía pruebas constantes para comprobar su fidelidad y lealtad.

Guadalupe—Este nombre es de origen español y quiere decir "valle de lobos". Nuestra Señora de Guadalupe es de suma importancia en la cultura latina, se le venera siempre como la madre de Jesús. Dice la historia que en 1531 se le apareció a un mexicano de procedencia humilde que iba caminando a una iglesia para recibir clases de catecismo. Cuando hizo su aparición la Virgen estaba cubierta con un manto azul real, color de la diosa azteca Tonantzin de piel morena y cabello negro. En la lengua nativa pidió que se construyera un templo en su honor en el cerro del Tepeyac, desde donde ella cuidaría y velaría por su gente. El humilde hombre lleno de pavor corrió a contarle lo sucedido al obispo pidiéndole cumplir lo que la Virgen le había pedido. El clérigo pidió pruebas para ver si la historia era cierta, por lo que el hombre decidió ir de nuevo a ver a la Virgen para pedirle la prueba que nececitaba. La historia dice que la Virgen le ordenó al hombre que regresara a hablar con el obispo. Cuando este preguntó por la prueba, el humilde hombre abrió su tilma y cayeron al suelo rosas de Castilla dando un espectáculo maravilloso, ya que no era temporada de rosas. También apareció en la tilma del hombre la imagen de Nuestra Señora de Guadalupe. Su cabeza estaba ligeramente inclinada como mirando hacia abajo con ternura. El hombre explicó que la Virgen, con una voz suave dijo: "Yo soy la Madre de todos los que viven en estas tierras". Su imagen en la tilma esta llena de colores y ella se ve radiante como el sol, con muchas joyas brillando a sus pies y cargando al niño Dios. Este milagro se dió a conocer rápidamente y miles de personas se convirtieron al catolicismo y se construyó el templo que ella había pedido. La Virgen de Guadalupe representa la aceptación de los indígenas en la Iglesia europea. Desde su aparición la Virgen de Guadalupe ha protegido al pueblo mexicano de inundaciones, temblores y epidemias. Ella es la autora de incontables milagros entre la gente y es amada por el pueblo mexicano sin medida. Su fiesta se celebra cada año el día 12 de diciembre, con una peregrinación hasta la Basílica de Guadalupe, donde se reúnen millares de personas para venerarla. Diminutivos: Guada, Lupe y Lupita. Variaciones: Guadalupa y Guadelupi.

Guillermina—Nombre de origen alemán, es la versión femenina de Guillermo. Combina las palabras *willeo* (voluntad, determinación o fuerza) con *helm* (casco o protección). El nombre quiere decir "casco de protección o el que defiende con gran determinación". Diminutivos: Minita y Vilma. Variacione: Guerma.

Hermelinda—También de origen alemán, quiere decir "escudo o poder". Diminutivo: Mela. Variaciones: Ermelinda y Hermelina.

Herminia—De origen alemán, es la versión femenina de Herminio. Este nombre une las palabras *heri* (ejército) y *man* (hombre). El nombre quiere decir "guerrero o soldado". Otras fuentes ofrecen la traducción de "lugar sagrado".

Hernanda—Otro nombre de origen alemán que significa "pacificar".

Honoria—De origen latino, proviene de la palabra honor, es decir, estimado o respetado. Este nombre aparece 51 veces en el *Diccionario de los Santos*. Variación: Hanora.

Hortencia—De origen latino, proviene de la palabra *hortensius* que quiere decir "jardinero". Esta palabra surge de *hortus* que significa "jardín". Diminutivo: Checha. Variaciones: Hortecia y Hortnecia.

Ida—De origen alemán, proviene de la palabra *īd* que quiere decir "diligente y trabajadora". El nombre significa "trabajador diligente".

Idalia—De origen griego, quiere decir "veo el sol". Este nombre se tomó de un templo antiguo dedicado a la diosa Venus, quien era la diosa del amor. Variación: Idalea.

Idolina—De origen latino, nace de la palabra *idolum* que quiere decir "imagen". Variación: Indolina.

Idonia—De origen latino, deriva del apellido Idonesu que quiere decir "de buena disposición".

Ifigenia—De origen griego, proviene de la palabra Iphigeneia que significa "de cuna real o de noble cuna". Diminutivo: Effa. Variaciones: Efigencia y Efigenia.

Iluminada—De origen latino, significa "llena de luz o, en otras palabras, iluminada".

Imelda—De origen alemán, está compuesto por las palabras *irmen* (entero o completo) e *hild* (batalla), el nombre quiere decir "batalla completa". Variaciones: Amelda y Imelde.

Immaculada—De origen latino. Este nombre hace honor a la Inmaculada Concepción de la Virgen María y se celebra el 8 de diciembre.

Indiana—De origen latino, proviene de la palabra *indianus* que significa "el que viene del Este o de las Indias". Esta palabra a su vez tiene sus raíces en la palabra *india* (atrás).

Inés—De origen griego, proviene de la palabra *hagnos* (pura, casta y santa). Esta es la versión española de Agnes. Cuenta la leyenda que Santa Inés dedicó su vida a Cristo e hizo un voto de castidad, de manera que toda su vida sería virgen. A los 13 años de edad se reusó rotundamente a casarse con el hijo del Gobernador de Roma, quien se había enamorado de ella. Como ella no le hizo caso al joven, él intentó tomarla por la fuerza y en ese mismo instante quedó ciego. Santa Inés lo curó inmediatamente. Diminutivos: Agnesita e Inesita. Variaciones: Agnese, Inez e Ynez.

Inocencia—Nombre de origen latino, tiene el mismo significado que la palabra inocencia. Este nombre hace referencia a la inocencia de la Virgen María. Variación: Inocenta.

Irene—De origen griego, se deriva de Eirēnē que quiere decir "paz". El nombre tiene el significado de "aquel que ama la paz" y aparece 23 veces en el *Diccionario de los Santos*. Diminutivos: Nea y Renequita. Variaciones: Ireña e Yrinea.

Iris—Nombre de origen griego que quiere decir "arco iris". Iris era la diosa del arco iris en la mitología griega.

Irma—De origen alemán, quiere decir "fuerza". Variaciones: Erma e Irmalenda.

Isabela—De origen hebreo, es el equivalente de Elizabeth porque tiene sus raíces en la misma palabra de *elīsheba'* que quiere decir "Dios es mi juramento y afirmación". Dos reinas de España llevaron este nombre y también cuatro santos. Diminutivos: Belita, Chela, Isa. Variaciones: Isabelle y Sabela.

Isidora—De origen griego, está compuesto por *isis* (la diosa egipcia Isis) y *dōron* (regalo). El nombre quiere decir "el regalo de Isis". Este nombre aparece 31 veces en el *Diccionario de los Santos*. Diminutivos: Dorina e Ysa. Variaciones: Isedora, Ysidora e Ysidra.

Isis—Este nombre es de origen egipcio, quiere decir "tierra y trono". Isis era la diosa egipcia de la humedad, lo mojado, el día, especialmente el amanecer, la fertilidad y el amor. Su esposo era el dios Osiris a quien su mismo hermano mató por celos, aún así, la leyenda dice que el amor que Isis tenía por su esposo lo hizo resucitar y pudieron concebir un hijo. Este mito representa los cambios de las cuatro estaciones siendo Osiris la esencia de la naturaleza que muere y revive con el poder del amor y que puede crear una nueva vida sin importar que haya muerto antes. La manera en que Isis era venerada por lo antiguos egipcios es muy similar a la veneración que se tiene en el mundo cristiano por la Virgen María. Además Isis, era considerada la diosa del universo. Se le representa como a una mujer con el sol en su cabeza que descansa sobre los cuernos de una vaca.

Jacarya—De origen brasileño (tupi guaraní), quiere decir "olor fuerte". El follaje de esta flor es muy tupido y adornado con mazos de flores color lavanda.

Jacinda—Este nombre es de origen latino, proviene de la palabra Hayacinth que quiere decir "la flor". De acuerdo con la mitología griega, el dios Apolo adoraba a esta joven y accidentalmente la mató. Variaciones: Jacinta y Jacynthe.

Jada—De origen anglosajón, proviene de la palabra jade. El jade es una piedra semipreciosa que era de suma importancia en la antigua cultura maya. Esta piedra era venerada como "la soberana de la harmonía". Se creía que esta piedra facilitaba la paz, la armonía y el ingenio. También se le conoce como la piedra de los sueños y de la fidelidad. Se dice que si se coloca una piedra de jade debajo de la almohada ayuda a recordar los sueños y a interpretarlos. Variación: Jaida.

Jazmín—De origen árabe, proviene de la palabra *yāsmīn* o jazmín, que es el nombre de una planta en el subtrópico. La flor viene en colores rojo, amarillo y blanco y tiene una fragancia muy fresca que se usa en los perfumes y para aromatizar algunos tés.

Jemsa—De origen español, quiere decir "gema o piedra preciosa".

Jesusa—De origen hebreo, es la versión femenina de Jesús. Esta última palabra se deriva de *yehōshū'a* (Dios es mi salvación). Otras fuentes indican que este nombre es la versión corta del nombre de "María de Jesús".

Jimena—Nombre de origen hebreo que quiere decir "aquella que ha sido escuchada."

Joaquina—Nombre de origen hebreo que significa "Dios establecerá". Es la versión femenina de Joaquín. Variación: Joaquine.

Josefa—También de origen hebreo, es la versión femenina de José. Esta palabra proviene de *yōsēf* que significa "Dios incrementa o Dios añadirá" Las personas que escogen este nombre para sus hijas lo hacen en honor de San José el carpintero y padre terrenal del Señor Jesucristo. San José cuidó de la Sagrada Familia. A San José se le recuerda por sus cualidades humanas al ser un hombre justo y fiel a su palabra. Dice la historia que José sólo tenía sus sueños y el trabajo para proteger a su familia. Se le puede invocar por sus poderes para sanar, su obediencia y dedicación a Dios son altamente respetadas. Variaciones: Josée y Josepha.

Joyita—Nombre de origen latino que quiere decir "una pequeña joya".

Juana—De origen hebreo, es la versión femenina del nombre popular Juan, que quiere decir "la gracia de Dios". Juan el Bautista era el primo de Jesús y se le recuerda como el profeta más grande de todos los tiempos. Diminutivo: Juanita.

Judit—Este nombre es de origen hebreo, quiere decir "alabado".

Julia—De origen latino, quiere decir "joven imberbe o juvenil". Es la versión femenina de Julio. Diminutivo: Juli. Variaciones: Juliena y Julieta.

Larrina—De origen latino, de la palabra *laurus* que quiere decir "laurel". Variación: Larina.

Laura—De origen latino, se deriva también de la palabra *laurus* (la hoja del árbol de laurel). Cuenta la historia que una joven monja en el siglo IX murió en una olla de agua hirviente. Diminutivo: Larissa. Variación: Laurela.

Laurentia—De origen latino, proviene de Laurentinus que significa "hombre de Laurentum", pueblo que tiene su nombre derivado de la palabra *laurus* (hoja del árbol del laurel). Dice la leyenda que San Lorenzo fue un mártir y uno de los siete diáconos de Roma y que rescata a las almas del purgatorio todos los viernes. Cuando se le pidió a San Lorenzo que entregara los bienes de la Iglesia llevó a las autoridades miles de pobres, ancianos, huérfanos y viudas diciendo que ellos representaban las riquezas de la Iglesia. Indignados las autoridades lo arrestaron y lo hicieron sufrir una muerte ignominiosa. Dice la leyenda que aún en medio de su mortal padecimiento nunca perdió su serenidad ni su humor.

Lavinia—De origen latino, es la versión femenina de Latinus, que viene de Latinum que define palabra, el área que rodeaba todo el Imperio Romano. De acuerdo con la mitología romana, Lavinia era la hija del rey Latinus y cuando creció se desposó con Eneas. Fue considerada la madre de los romanos.

Leah—De origen hebreo, se deriva de *lā'āh* que significa "cansar o estar exhausto". De acuerdo con la Biblia ella fue la primera esposa de Jacob.

Leda—Según la mitología griega, Leda, fue la madre de Clitemnestra, Helena de Troya, de Polux y de Cástor. Variaciones: Laida y Leida.

Leila—De origen árabe y quiere decir "belleza obscura, o belleza de la noche". Variación: Leilani.

Leocadia—De origen griego, proviene de *ēlē* (luz, brilliante) y quiere decir "fulgor glorioso". El nombre aparece en el siglo II cuando una virgen española murió como mártir al defender la virginidad de la Madre de Jesús. Variación: Leocadra.

Leonarda—De origen alemán, combina los significados *lewo* (león) con *hart* (osado, valiente, fuerte). El nombre quiere decir "tan fuerte como un león o león valiente". Hubo 10 santos con este nombre.

Leoncia—De origen latino, es la versión femenina de Leoncio. Ambos nombres provienen de la palabra *leo* (león). Diminutivo: Liancia.

Leonor—Este nombre combina significados griegos y alemanes y tiene varias traducciones. La primera es un cognado de Eleanor que proviene del nombre griego Helenē (luz o iluminación). Sin embargo, otros creen que el nombre se deriva del alemán Lewenhart, que es el origen del nombre masculino Leonardo y que a su vez tiene sus raíces en las palabras *lewo* (león) y *hart* (osado, valiente y fuerte). El significado del nombre vendría a ser "tan fuerte como un León". Otras fuentes sugieren que el nombre significa "aquel o aquella que tiene compasión o el amable del corazón".

Leticia—De origen latino, proviene de la palabra *laetitia* (de la luz o felicidad). El nombre quiere decir "aquella que trae la felicidad o llena de luz". Diminutivos: Leti y Ticha. Variación: Leatrice.

Liberada—De origen latino, proviene de la palabra *liberatus* (liberar o dar la libertad). El nombre quiere decir "aquella que ha sido liberada o hecha libre". El nombre aparece cuando una Santa del Portugal se dejó crecer una barba para así poder mantener su virginidad. Diminutivos: Libra. Variación: Liberda.

Libia—De origen latino, lleva el nombre de un país del norte de África. Variación: Livia.

Lilia—De origen latino, proviene de la palabra *lilium* (lirio). Al lirio se le considera la flor de la esperanza y de la pureza, de un nuevo comienzo y de la inocencia, a su vez esta flor está consagrada a la veneración de la Virgen María. Variaciones: Lili y Liliana.

Linda—De origen español, quiere decir "hermosa y bonita".

Lissilma—De origen indígena americano, quiere decir "estar presente o estar disponible."

Lorena—De origen francés, quiere decir "originario de las tierras de Lothair".

Lourdes—De origen basco, quiere decir "ladera rocosa". También se dice que este nombre se tomó prestado de un pueblo en la región del Suroeste de Francia donde la Virgen María se le apareció a Santa Bernardeta en 1858.

Lucía—Del latín *lux* (luz). La luz representa la venida de un nuevo día y el comienzo de un nuevo pensamiento. En la antigüedad la gente creía que la luz simbolizaba el alba, el regreso a la normalidad. Esta es quizás la razón por la cual las festividades de Santa Lucía se celebran al acercarse el solsticio del invierno y el regreso de la luz y el calor del sol. Diminutivo: Lucecita. Variaciones: Lucila y Lucilda.

Lucinda—De origen latino, proviene también de la palabra *lux* (luz). Este nombre es una variante del nombre Lucía y también se da en honor a Santa Lucía. Dice la leyenda que Santa Lucía le presentó sus propios ojos en una bandeja a su esposo, quien enardecido, por su supuesta falta de amor, la reprimió por ser cristiana.

Lucrecia—De origen latino, proviene también de lux (la luz) y quiere decir "aquella que trae la luz".

Luisa—De origen alemán, combina los significados *hloud* (famoso, glorioso) y *wīg* (guerra o batalla); el nombre quiere decir "batalla gloriosa o famoso en la guerra". Dice la historia que Santa Luisa fundó la orden de "las Hijas de la Caridad". Todas trabajaban con la gente pobre de París. Se cree que este ejemplo en la historia inspiró, 300 años después, a Florencia Nightingale en su misión de ayuda a los enfermos. Diminutivos: Isa y Lulu. Variación: Luisiana.

Luminosa—De origen latino, quiere decir luminosa y radiante.

Luz—De origen latino, derivado de *lux* (luz). El nombre honra a Nuestra Señora de la Luz. Diminutivos: Lucina y Lula. Variación: Lusa.

Macaria—De origen griego, es la versión femenina de Macario. Ambos nombres se derivan de la palabra *makaros* que quiere decir "bendecido y afortunado". Variación: Macarria.

Magdalena—De origen hebreo, quiere decir "oriundo de Magdala", pueblo en las costas de Galilea. Este nombre se inspira en el nombre de María Magdalena. Se dice que ella fue la primer apóstol de Jesús, por ser la primera en verlo después de haber resucitado y por haberle confiado su próxima resurrección. Ella estuvo presente a los pies de la cruz donde murió Jesús crucificado. Diminutivos: Malena. Variación: Magdalén.

Manuela—De origen hebreo, es la versión femenina de Manuel. Este nombre tiene sus raíces en la palabra griega Emmanouēl, que a su vez proviene de la palabra hebrea 'immānūēl, que quiere decir "Dios con nosotros". De acuerdo con la Biblia este nombre significa "descendiente de David"; "el Mesías."

Maravilla—De origen latino, proviene de la palabra *mīrābilis*, que significa "maravilloso, magnífico, impresionante". Variación: Marivel.

Marcelina—De origen latino, proviene del nombre Marcos, que quiere decir descendiente de Marte, el dios de la guerra en la mitología romana. Variación: Marsalina.

Marcia—De origen latino, también es la versión femenina del nombre Marcos, el descendiente de Marte y el dios de la guerra en la mitología romana. Otras fuentes informan que el nombre quiere decir "martillo". El nombre también se deriva de la combinación de las palabras *mas* (varonil) o del griego *malakoz* (gentil y tierno). Se da este nombre en honor al apóstol Marcos que fue un seguidor de Jesucristo.

Marciana—De origen latino, proviene del nombre Marcos que quiere decir "el que pertenece a Marte o el dios de la guerra en la mitología romana".

Margarita—De origen griego, proviene de la palabra *margaron* que significa "perla". Santa Margarita fue una monja a la que usualmente se le representa con un corazón en llamas, porque ella tuvo una visión donde vió a Jesús con un corazón similar, que se conoce como el Sagrado Corazón de Jesús. Diminutivos: Margo y Rita. Variaciones: Margarit y Marguerita.

María—De origen egipcio, quiere decir "amado o amada". Según la traducción hebrea quiere decir "mar de sufrimiento o amargura". Otras traducciones del nombre ofrecen como definición "la dama de rebelión o la dama rebelde" o bien "la que desea un hijo". Como ella fue la madre del Señor Jesucristo se le da el significado de "la dama amada". Sus atributos más sobresalientes fueron su obediencia y aceptación a la voluntad de Dios y su declaración de "hágase conmigo conforme a su palabra". Es el fundamento de la espiritualidad de mucha gente. En el cristianismo se cree que sin la bondad de Dios no habría armonía en este mundo y que todo sería un caos. Posiblemente ésta es la razón por la que la declaración de María de someterse a la voluntad de Dios se considera de vital importancia para la salvación de la humanidad. Dado que María es un nombre muy popular, casi siempre se le añaden otros nombres para hacer distinción de los atributos de la Madre de Jesucristo. Variación: Mariquita.

María Amelia–Este nombre es la combinación de María (dama o señora amada) con Amalia que significa trabajo. El nombre significa "la obra de Nuestra Señora Amada".

María Antonieta–Es la combinación de María (dama o señora amada) con Antoineta (más allá de un precio o de un gran precio). El nombre quiere decir "Nuestra Señora es preciada".

Mariaadela–Es la combinación de María (dama o señora amada) con Adela, que quiere decir noble. El nombre significa "la dignidad de Nuestra Amada Señora".

Mariaelena–Combinación de María (dama o señora amada) con Elena (luz). El nombre significa "la luz que se encuentra en Nuestra Amada Señora".

María Josefa–Una combinación muy popular de María (dama o señora amada) y Josefa (Dios aumentará). El significado del nombre es "con fe en Nuestra Amada Señora, Dios añadirá bondad a tu vida."

Mariana–Es la combinación de María (dama o señora amada) y Ana (misericordiosa). El nombre quiere decir "Nuestra Misericordiosa Señora".

Maribel–Es la combinación de María (dama o señora amada) con Belle (hermosa). El nombre quiere decir "la dama hermosa".

Marina–De origen latino, es la versión femenina de marino; esta proviene de la palabra *marinus*, que quiere decir "marinero u hombre del mar".

Mariposa–Del latín, tiene el mismo significado. De acuerdo a la cultura indígena americana, la mariposa representa los cambios, especialmente aquellos relacionados con el crecimiento del carácter. Las cuatro etapas por las que atraviesa una mariposa están vinculadas a los siguientes ciclos: el huevo equivale al comienzo, la larva corresponde a la decisión de cambiar, representa el desarrollo del proyecto o idea. El capullo también puede representar el esplendor del trabajo arduo.

Marisa—Es la combinación de María (dama o señora amada) con Luisa (famosa en la batalla). El nombre significa "Nuestra Amada Señora que vence en la batalla por el bien."

Marisol—Este nombre es la combinación de María (dama o señora amada) con Soledad (solitario, soledad). El nombre quiere decir "Nuestra Señora de la Soledad".

Maristela—Es la combinación de María (dama o señora amada) y Estrella. El nombre quiere decir "Nuestra Señora Celestial."

Marta—De origen hebreo, quiere decir "la señora de la casa." Las mujeres que se dedican a los quehaceres domésticos se pueden encomendar a Santa Marta, que trabajó sin cesar sirviendo a otros en el nombre del Señor Jesucristo, a pesar de sentirse poco inspirada y aburrida haciendo este oficio. Sus servicios se vieron premiados cuando el Señor viajó desde Betania para levantar a su hermano Lázaro de entre los muertos.

Matilde—De origen alemán, combina las palabras *maht* (poder) con *hild* (batalla o guerra). El nombre quiere decir "poderoso en la batalla o dama guerrera". Cuatro santos llevan este nombre. Diminutivo: Tilda. Variación: Mathilde.

Máxima—De origen latino, es la versión femenina de Máximo, que proviene del nombre Maximus que literalmente quiere decir "el más grande".

Maximila—De origen latino, es la versión femenina de Maximiliano, es la combinación de dos nombres latinos *Maximus* (el más grande) y Aemmiliānus que proviene de *aemulus* (emular o imitar). Se dice que siete santos llevan este nombre.

Maya—De origen griego, quiere decir "madre". Deriva del nombre Maia, la diosa griega de la primavera y el renacimiento. Actualmente es venerada como la representación de la Madre Tierra. No sólo representa a la tierra y sus habitantes, sino que es la tierra misma. Se le conoce como la fuerza que crea nueva vida y es el origen del nombre del mes de mayo. Mucha gente celebra su día el primero de mayo. De acuerdo con la mitología griega, Maia fue la menor de las siete hijas de Atlas, que se convirtieron en las siete estrellas de la constelación de las Pléyades, cuando Atlas se le dio la responsabilidad de cargar el mundo en sus hombros.

Melisa—Nombre de origen griego que se traduce directamente como "la abeja".

Mercedes—De origen latino, proviene de la palabra *merced* (misericordia y compasión). El nombre honra la misericordia y la compasión de la Virgen María. Las festividades de Nuestra Señora de las Mercedes son el 24 de septiembre.

Mersera—Combina los nombres de Mercedes (misericordiosa) con Sara (princesa). El nombre quiere decir "Princesa misericordiosa."

Miguela—De origen hebreo, es versión femenina de Miguel, ambos nombres provienen de la palabra *mīkhāʾēl*, que quiere decir "aquel que es similar a Dios". El Arcángel Miguel fue el líder del ejército que venció en la batalla contra Satanás y las huestes del mal. Él es el patrón de los mercaderes porque se dice que él es el encargado de recibir las almas y pesarlas en la balanza. Su día se celebra el 29 de septiembre y cae cerca del equinoxio de otoño. Los primeros cristianos tomaron el día de la festividad pagana de Michelmas para convertir a muchos herejes.

Milagros—De origen español, quiere decir "milagro o visión asombrosa". El nombre se da como recordatorio de los milagros que son posibles gracias a la fe en la Virgen María. Las celebraciones de Nuestra Señora de los Milagros son el 9 de julio. Diminutivo: Mili.

Milena—Este nombre es una combinación de Milagros con Elena (luz) y quiere decir "la luz que se encuentra en los milagros".

Minerva—De origen latino, quiere decir "sabiduría, fortaleza y determinación". Minerva era la diosa griega de la educación, el trabajo arduo y la habilidad para hacer trabajos manuales. Tres santos llevaron este nombre.

Miranda—Derivado del latín *mirandus* que quiere decir "extraordinario y admirable".

Mireya—De origen hebreo, quiere decir "Dios ha hablado". Son nueve santos los que llevan este nombre.

Mónica—De origen latino, quiere decir "monje o sacerdote". Otras fuentes indican que el nombre significa "consejero", definición que pudo haberse dado para honrar a Santa Mónica. Santa Mónica fue una madre ejemplar y dedicada a su hijo, San Augustín, que aunque vivía una vida pecaminosa aceptaba que su madre lo siguiera en sus caminos predicando el evangelio. Finalmente con la ayuda de Santa Ambrosia convirtió a su hijo al cristianismo. Dice la historia que una noche ella y su hijo, ya convertido, hablaban de la vida después de la muerte y poco después sintiendo que su misión en la tierra había termindao murió. Según la historia, su hijo San Agustín llegó a ser el teólogo más grande de todos los tiempos. Diminutivo: Mona. Variación: Monika.

Natalia—De origen latino, deriva de *diēs nātālis* (día de la Natividad o de la Navidad). Se acostumbra dar este nombre a los niños que nacen el día de la Navidad. Diminutivo: Talia.

Natividad–De origen latino, proviene de la palabra *natus* (nacer) y hace referencia al nacimiento de Cristo.

Nereida–Deriva de la palabra griega *nēreid* (ninfa del mar). Según la mitología griega, había 50 ninfas hijas del amado dios del mar.

Nevara–De origen español, proviene del verbo *nevar* o caer la nieve, lo que es un recordatorio de la entereza y la pureza de la nieve.

Nieves–De origen español, proviene del verbo nevar. Este nombre se da en honor de la Virgen María o Nuestra Señora de las Nieves y hace referencia al milagro de la nieve que no se derritió en un clima caluroso.

Noemí–De origen hebreo, se deriva de *nāomī* (de la luz), también significa "hermosa y placentera". Diminutivo: Mimi. Variación: Noemé.

Obdulia–De origen latino quiere decir "aquella que disminuye el dolor y los sufrimientos." Diminutivo: Lulu.

Octavia–De origen latino, proviene de Octavius, que se deriva de *octavus* y significa "octavo". El nombre aparece también ocho veces en el *Diccionario de los Santos*.

Odilia–De origen alemán, combina las palabras *od* (riqueza, prosperidad) y *hild* (guerra, batalla). El nombre quiere decir "el que posee muchas riquezas, o el que prospera durante la guerra". El nombre aparece cinco veces en el *Diccionario de los Santos*. Diminutivo: Tila. Variaciones: Odella y Othelia.

Olimpia–Se deriva del nombre de un monte al norte de Grecia. Según la mitología griega, el monte Olimpo era el hogar de los dioses.

Olivia–Nombre de origen latino, y quiere decir "el árbol de olivo", el cual simboliza la esperanza. Cuando Noé estaba todavía en el arca envió una paloma para poder saber si ya había tierra seca. Según la Biblia, la paloma regresó con una ramita de olivo en el pico. Después de 40 días y 40 noches de lluvias torrenciales, la ramita de olivo simbolizó seguridad.

Ovelia–De origen griego, proviene de la palabra *ōphelia*, que quiere decir "el que ayuda o ayudante". El nombre significa "aquella que brinda alivio".

Paciencia–De origen español que significa lo mismo que la palabra paciencia.

Pacífica–De origen latino, es la versión femenina de Pacífico. Estos nombres se derivan de la palabra *pacificus* que quiere decir "el que pacifica, o pacificados", y que a su vez tiene sus raíces en la palabra *pax* que significa "paz". El nombre quiere decir "la que hace la paz o pacificadora". Variación: Pacífica.

Paloma–De origen español, hace referencia a la paloma o el ave que simboliza la paz.

Paola–Nombre de origen latino, es la versión femenina de Pablo. Este último se deriva del apellido Paulus, que tiene sus raíces en la palabra *paulus* que significa "pequeño". Con este nombre se hace honor al apóstol Pablo quien fue el primero en predicar el Evangelio a los gentiles. Se cree que Pablo tenía un poco de misticismo en su persona, que era muy inteligente y un viajero incansable. Se le conoce como el patrón de los que acampan en carpas. Variación: Paula.

Pascuala–Nombre de origen hebreo, es la versión femenina del nombre Pascual. Ambos provienen de la palabra *Paschālis*, que significa pascua. Esta es una palabra que tiene sus raíces en la palabra hebrea *pesach*, que se usa para conmemorar la salida del pueblo israelí de Egipto. Este nombre se da usualmente cuando un niño nace duramte la época de la Pascua. Variación: Pasquala.

Patricia—Nombre de origen latino, proviene de la palabra *patricius* que era el título que se le dada a una persona que pertenecía a la aristocracia en la antigua Roma. Diminutivo: Pati. Variaciones: Patriciana y Patrisa.

Pefilia—Nombre de origen español, proviene de la palabra perfilar que significa contornear, delinear o dar forma.

Pentea—Nombre de una flor que pertence a la familia de las orquídeas.

Perpetua—De origen latino, proviene de la palabra *perpetus* que quiere decir "perpetuo, contínuo, sempiterno".

Petra—De origen latino, es la versión femenina de Pedro, ambos nombres provienen de la palabra petra, que quiere decir "piedra o roca". Diminutivo: Tona. Variaciones: Petrainla y Petronila.

Piedad—De origen español, significa "piedad, bondad y santidad". Este nombre honra a la Virgen María o Nuestra Señora de la Piedad.

Pilar—De origen español, quiere decir "columna". Este nombre se da para honrar a la Virgen María. Según dice la historia, la Virgen María se le apareció a Santiago en una visión asombrosa sobre un pilar de mármol.

Preciosa—De origen español, quiere decir "precioso y de mucho valor". Este nombre se da como un recordatorio de la Preciosa Sangre del Señor Jesús.

Presencia—De origen español, tiene el mismo significado que la palabra del cual se deriva. El nombre hace referencia a la sagrada presencia del Señor Jesús durante la communión, así como su presencia en todas las cosas, la gente y las situaciones de la vida.

Presentación—De origen español. Tiene el mismo significado de la palabra del cual se deriva. Este nombre hace referencia a la presentación de Jesucristo en el Templo.

Priciliana—Nombre derivado del apellido Priscus que quiere decir "antiguo, viejo o primero". Este nombre se le dió a un santo del siglo I que fue convertido por San Pedro. Diminutivo: Prex. Variaciones: Priceilla y Prisciana.

Pristina—De origen español, quiere decir "inmaculada y fresca".

Prudencia—De origen español, quiere decir "prudencia y precaución". Diminutivo: Pensita. Variaciones: Prudenciana y Prudintia.

Purificación—De origen español, tiene el mismo significado de la palabra de la cual se deriva. Cuando se da este nombre se rinde tributo al ritual de la purificación de la Madre Bendita, cuarenta días después del nacimiento de Cristo. Esta ceremonia se celebra el 2 de febrero. Diminutivo: Puro. Variación: Pureza.

Purísima—Nombre de origen español, quiere decir "la más pura".

Rafaela—Nombre de origen hebreo, es la versión femenina de Rafael. Ambos nombres se derivan de la palabra *refāēl* que significa "Dios ha sanado". Así se llamaba uno de los siete arcángeles y el santo patrón de los viajeros. Diminutivos: Rafaelina y Raphaelita. Variaciones: Rafelia, Raphaela y Ravella.

Ramona—Nombre de origen alemán que combina las palabras *ragin* que quiere decir "consejo y sabiduría" con *mund* que quiere decir "protección". El nombre quiere decir "la protección sabia o la sabia protección".

Este nombre es la versión femenina de Ramón y Raimundo. Se da este nombre en honor a San Raimundo, quien según la historia nació por cesárea y su madre murió al darlo a luz. La base de apellido es *non natus* que quiere decir "no nacido". El es el patrón y protector del alumbramiento. Cuenta la leyenda que después que una madre muere durante el proceso del alumbramiento se convierte en un ángel y se reúne con el sol, al despertar el alba, y lo guía hacia el ocaso. Dice la leyenda que si no fuera por estas hermosas mártires el sol nunca descansaría. Diminutivos: Mona y Monona. Variaciones: Ramoina y Ramoneila.

Raquel–Nombre de origen hebreo, proviene de la palabra *rāhēl* que significa "oveja", la cual simboliza la pureza y la bondad. En la Bibia ella fue la esposa amada de Jacob y la madre de José y de Benjamín. Diminutivos: Quelita y Raco. Variaciones: Rachel y Rochel.

Rebeca–De origen hebreo, proviene de la palabra *ribbqāh* que significa "lazo o cuerda". El nombre ahora tiene el significado de amarrar, anudar, o atar. Otras fuentes lo definen como "hermosa". En la Biblia Rebeca fue la esposa de Isaac, con un carácter decidido, así como la madre de Jacob y de Esaú. Dice la historia que dos santos llevaron este nombre. Diminutivos: Bequi y Bequita. Variaciones: Rebekah y Reveca.

Refugio–Nombre de origen latino, significa lo mismo que la palabra del cual se deriva. Significa "lugar de protección y seguridad". Este nombre honra la protección que se le dio a la Madre Bendita, la Virgen María, Nuestra Señora del Refugio. Diminutivos: Cuco y Refugito. Variaciones: Refigio y Refutio.

Regina–De origen latino, quiere decir "monarca, realeza, reina o digno de una reina". Es el título oficial de la reina. También hace referencia al salmo más antiguo: "Dios te salve, Reina". Este nombre aparece cinco veces en el *Diccionario de los Santos*. Diminutivo: Gina. Variaciones: Aregina, Reina y Rejina.

Remedio—De origen latino, tiene el mismo significado de la palabra de la cual se deriva. Significa "remedio, medicina, solución o respuesta". Con este nombre se hace homenaje a la confianza de que todos los problemas serán remediados con fe en la Virgen María. Muchas iglesias usan el nombre de "Nuestra Señora de los Remedios" en sus títulos. En México una iglesia tiene la imagen de Nuestra Señora de los Remedios, que fue trasladada de España durante la conquista.

Ricarda—Nombre de origen anglosajón, es la versión femenina de Ricardo. Este nombre combina las palabras de *rik* que significa "monarca o rey" con *hart* que quiere decir "fuerte y valiente". El nombre significa "rey fuerte". En el *Diccionario de los Santos* este nombre se menciona 19 veces. Diminutivo: Rica. Variaciones: Recharda, Ricardeta y Ricarla.

Rita—Nombre de origen griego, aunque como variante del nombre Margarita (perla) se usa por separado. Rita fue la patrona de los desesperados, los que sufren a causa de problemas en el matrimonio y la paternidad. Según la historia durante los últimos 15 años de su vida Santa Rita sufrió de heridas en su cabeza que parencían originarse por una corona de espinas.

Rosa—Nombre de origen latino, que tiene el mismo significado de la flor de los rosales. Según la historia Santa Rosa de Lima fue la primera persona en América en ser canonizada. Se le recuerda como a una persona muy devota su familia. Pasó toda su vida sembrando rosales y tejiendo a fin de poder mantener a su familia. Durante los últimos días de su vida llevó puesta una corona de espinas y se dedicó a ayudar a los indígenas pobres, los esclavos y los enfermos del Perú. Este nombre se usa en combinación con otros nombres. Diminutivos: Chita, Rosi, Rosita. Variaciones: Rosado y Rosember.

Rosabel—De origen latino, es la combinación de Rosa y bella, por lo que el nombre quiere decir "bella rosa".

Rosalba—Es una combinación de Rosa y Alba (blanca), por lo que el nombre significa "Blanca Rosa".

Rosalía—De origen latino. Honra la festividad de la tradición romana de llevar rosas a los sepulcros de los seres amados que ya murieron. Diminutivos: Chala, Lía. Variaciones: Rosaelia y Rosalya.

Rosalinda—Este nombre es una combinación de Rosa y Linda que significa "bonita". El nombre quiere decir "la rosa bonita o bella". Otras fuentes sugieren que el nombre es una combinación de las palabras alemanas *hrôs* que significa "fama o reputación" con *lind* que significa "gentil y tierna". El nuevo significado del nombre es "aquella que es conocida por sus maneras gentiles o tiernas". Diminutivo: Lina. Variación: Roselín.

Rosamunda—Este nombre es una combinacion de Rosa y mundo y significa "la rosa del mundo".

Rosana—Es una combinación de Rosa con Ana (llena de gracia). El nombre quiere decir "agraciada o tan refinada como una rosa". Variación: Rosania.

Rosario—De origen latino, quiere decir "cama de rosas o jardín de rosas". Este nombre hace referencia a el rosario o las oraciones dedicadas a la Virgen María. Este nombre se da también en honor a Nuestra Señora del Rosario.

Rosaura—Es una combinación de Rosa y Aurelia que significa (oro). El nombre quiere decir "la rosa de oro". **Variación: Rosarra.**

Sabina—De origen latino, quiere decir "nacido en Sabina". Los sabinos fueron un pueblo que vivió en la antigüedad en la parte central de Italia y que fueron conquistados por los romanos en el siglo III a.C.

Samjuana—Este nombre es una combinación de Samuel (su nombre es Dios) con Juana (graciosa o misericordiosa). El nombre quiere decir "por su nombre sabemos que Dios es misericordioso".

Sanjuana—Es una combinación de *san* (santo) con Juana (Dios está lleno de gracia o es misericordioso). El nombre quiere decir "un santo por la gracia de Dios."

Santana—Es una combinación de *san* que quiere decir "santo" con Ana (llena de gracia o misericordiosa). El nombre significa "un santo lleno de gracia".

Sara—Nombre de origen hebreo, derivado de la palabra *sārāh* que quiere decir "princesa". En la Biblia Sara fue la esposa de Abraham, y a la edad de 90 años dio a luz a Isaac. Diminutivos: Chara y Sarita. Variaciones: Sahra, Sares y Sera.

Seferina—De origen latino, es la versión femenina de Ceferino. Ambos nombres significan "la brisa suave y gentil", aunque algunos creen que provienen de la palabra *sērāphīm* (serafín, ardiente, con fuego o también los ángeles que rodean el trono de Dios). La raíz principal es *sāraph* (quemar). Diminutivos: Cefia, Rina y Sefia. Variaciones: Ceferina, Sefriana y Zeferna.

Serena—De origen latino, quiere decir "tranquilo, serenidad o calma". Doce santos llevaron este nombre. Variación: Syrina.

Silvana—De origen latino, es la versión femenina de Silvino. Ambos nombres provienen del apellido Silvānus (del bosque) que a su vez tiene sus raíces en la palabra *silva* (bosque, arboleda). El nombre también se identifica con el nombre Silvanus, el Dios de los campos y del bosque. Se le puede invocar para el cuidado de los límites de un territorio en contra de los invasores. Este nombre aparece 42 veces en el *Diccionario de los Santos*. Variación: Silvera.

Silvia–De origen latino, es la versión femenina de Silvino, también se deriva de Silvānus (bosque, arboleda), que a su vez proviene de *silva* (bosque, arboleda).

Simplicia–De origen latino, proviene de la palabra *simplicius*, que a su vez se origina de *simplex* (simple, sin complicaciones). Este nombre aparece 21 veces en el *Diccionario de los Santos*. Variaciones: Simplicitas y Siplicita.

Socorro–De origen español, proviene de la palabra socorro que significa ayuda. Este nombre rinde homenaje a la Virgen María y a Nuestra Señora del Perpetuo Socorro. Diminutivo: Coco. Variaciones: Socaria y Socorio.

Sofía–Nombre de origen griego, surge de la palabra *sophia* que significa "sabiduría y habilidad". Diecinueve santos llevaron este nombre. Diminutivos: Chofi, Fía y Soficita. Variaciones: Sofi y Sonia.

Solana–Nombre que significa "la rayos del sol".

Soledad–Nombre de origen español, tiene el mismo significado de la palabra de la cual se deriva. Rinde homenaje a la Virgen María o Nuestra Señora de la Soledad. Diminutivo: Cholita. Variaciones: Solada y Solidera.

Espírita–De origen latino, quiere decir "espíritu", es un homenaje del Espíritu Santo, la tercera persona de la Santísima Trinidad.

Susana–De origen hebreo, proviene de la palabra *shōshannāh* que quiere decir "lirio". En la Biblia una seguidora de Jesucristo llevo este nombre. Dieciséis santos tienen este nombre en el *Diccionario de los San-*

tos. Diminutivos: Susi y Susy. Variaciones: Suzanna y Zuzana.

Tabita—Tiene sus orígenes en la lengua aramea. Quiere decir "gacela", antílope que corre con mucha gracia en los valles de Africa.

Tamara—Nombre de origen hebreo, que significa "aquella que provee un refugio amigable y placentero".

Teodora—Nombre de origen griego, es la versión femenina de Teodoro. Ambos nombres combinan los significados de *theos* que quiere decir "Dios" con *dōron*, que quiere decir "regalo". El nombre significa "el regalo de Dios". Ciento cuarenta y seis santos llevan este nombre. Diminutivo: Doya. Variaciones: Teodara y Tiodoria.

Teresa—Nombre de origen griego, quiere decir "originario de Tharasia". Aunque tambien se dice que tiene sus raíces en la palabra *terizein* que significa "cosechar, reunir o recoger". En la historia hay dos mujeres excepcionales que se llamaron así; una fue Santa Teresa de Ávila y la otra Santa Teresa de Lisieux. Pese a que llevaron el mismo nombre sus misiones fueron muy diferentes. Santa Teresa de Ávila fue una monja de la orden de las Carmelitas que trabajó con San Juan de la Cruz reformando el sector de la Iglesia donde vivían. Fue la primera mujer a quien se le otorgó el título de Doctora en la Iglesia, fue una excelente cocinera y muy estricta con las hermanas de su orden. Santa Teresa de Lisieux, por su parte, llevó una vida más simple y humilde, características que ella trataba de cultivar en su vida y que hace mención en su autobiografía llamada "La historia de un alma". Ella padeció de tuberculosis y terminó por hacer de cada paso doloroso una ofrenda a los misioneros y a los pilotos de las naves y se convirtió en su patrona y protectora. Diminutivos: Tea, Teresita, Tessa. Variaciones: Terasa, Thérèse y Tresa.

Tomasa—De origen arameo, quiere decir "gemela", cuando se da este nombre se hace en honor de Santo Tomás, apóstol de Jesucristo recordado por su incredulidad ya que se negaba a creer que Cristo había resucitado hasta que él pudiera ver y tocar sus heridas. Cuando finalmente pudo hacerlo cayó de rodillas y exlcamó "Señor mío y Dios mío" (Juan 20:28), expresión que se ha convertido en una oración de meditación muy poderosa. Santo Tomás es el patrón y el santo de los arquitectos. Según la historia se le dio una suma bastante grande de dinero para que construyera un palacio que él mismo había diseñado, y en lugar de hacerlo utilizó el dinero para ayudar a los pobres y así "construir un palacio en los cielos". Diminutivo: Tomasita. Variaciones: Tamasa y Tomasina.

Tonantzin—Nombre de origen indígena americano. Según la historia Tonantzin fue la diosa de la tierra y del maíz en la cultura náhuatl, también conocida por virgen y madre. Su altar estaba en el cerro del Tepeyac y cuando fue destruido durante la época de la conquista los indios lamentaron su pérdida. Por ello la aparición de la Virgen de Guadalupe hizo que renaciera el fervor y se le aceptó con mucha reverencia y adoración.

Tránsito—Nombre de origen latino, quiere decir "transferir o pasaje". Este nombre nos habla del cambio o de la ascención del alma de la Virgen María de la tierra a los cielos después de su muerte. Diminutivo: Tacho. Variación: Tráncito.

Tresilia—De origen español, proviene del número tres, lo que hace de este nombre una buena opción para nombrar al tercer hijo.

Tulia—De origen latino, quiere decir "aquella que ha ascendido de la tierra". Variación: Tuliana.

Úrsula—Este nombre es también de origen latino, y se deriva de la palabra ursa, que quiere decir "osa". El

nombre significa "la osita". El oso representa el poder
de la introspección. En la cultura indígena americana,
el oso es el animal que inverna en una cueva durante
los meses de invierno. Durante este tiempo el oso entra
en comunión con la naturaleza y la Madre Tierra. Los
indígena americanos dicen que podemos invocar al espíritu de los osos para que éste nos ayude en nuestra
búsqueda de la verdad por medio de la tranquilidad y
el silencio, ya que en el silencio encontraremos nuestras respuestas. Las constelaciones de la Osa Mayor y
la Osa Menor se ubican en el hemisferio norte durante
todo el año. La santa más reconocida que lleva este
nombre es Santa Úrsula; que vivió durante el siglo IV
y reusó a casarse con el rey de los hunos. Ella murió
junto a 11,000 de sus compañeras.

Veneranda–Nombre es de origen latino, se deriva de
la palabra *veneryo* que significa "venerable, digno de
alabanza, respeto y honor". Se dice que siete santos
llevaron este nombre.

Verónica–Nombre de origen latino, es la combinación
de las palabras *vera* que significa "verdad" e *icon* que
significa "imagen o forma". El nombre quiere decir
"verdadera imagen". Se recuerda a Santa Verónica
como la mujer compasiva que limpió el rostro de Jesús
cuando èl iba camino a su crucifixión. Como una manifestación gloriosa a su gesto de amor, el rostro quedó
impreso en el pañuelo de esta mujer. Diminutivo: Roni.
Variación: Varónica.

Victoria–De origen latino, tiene el mismo significado
que la palabra de la cual se deriva. Diminutivos: Lina,
Toya y Viqui. Variaciones: Victorian y Viktoriana.

Vicenta–De origen latino, es la versión femenina de Vicente. Se vincula a la palabra *vincere* que significa
"vencer o conquistar". Sesenta y un santos llevaron
este nombre, incluyendo San Vicente de Zaragoza, uno

de los ilustres mártires de España. Diminutivos: Vicinta y Visenta.

Viola—Nombre de origen latino, quiere decir "violeta". Las violetas son flores que vienen en colores blanco, azul, morado o amarillo. De acuerdo a la mitología romana estas flores se originaron de las lágrimas de la Diosa Isis. Estas flores se han usado en la medicina herbolaria como antiséptico y para ayudar a curar la garganta irritada, se considera también un afrodisíaco. Algunas veces es un ingrediente en las mermeladas y jaleas. Variación: Violeta.

Virginia—Nombre de origen latino, está relacionado con la palabra Virgen y significa "pura y casta".

Virtudes—Nombre de origen latino, significa "virtuosa". Se relaciona con tres virtudes: la confianza, la esperanza y la caridad, relacionados muy de cerca con los ángeles que Dios manda a la tierra para realizar milagros.

Vivián—De origen latino, se deriva de la palabra *vivus* que significa "vivo, viviente". Vivian Perpetua fue una mártir que llegó a ser conocida como Santa Perpetua. Frecuentemente tenía visiones donde vencía al mal. Diminutivo: Vibi. Variaciones: Vibiana y Vivia.

Wanda—De origen alemán, significa "errante".

Xochitl—De origen indígena americano, quiere decir "las flores abundan". De todos los nombres indígena americano este es el más popular.

Xochiquetzal—De origen indígena americano, también quiere decir "la flor de plumas". Ella era la diosa de la danza, la música, las artesanías y el amor. La flor que la identifica luce como si estuviera hecha de plumas. Según la mitología azteca un gran diluvio mató a todos los seres vivientes con excepción de Xochiquetzal y un hombre. Después juntos poblaron la tierra. Se cree que todas las razas y las diferentes lenguas del mundo se originaron de esta familia. Por esta razón a Xochiquetzal se la conoce también como la madre del mundo.

Yamena—De origen cubano. Ella es la divina madre de catorce dioses y diosas. También es la diosa del océano y de la maternidad, ya que tanto los seres humanos como los animales tiene sus orígenes en el mar. Se le venera como la Reina Sagrada del Mar.

Yolanda—De origen griego, significa "tan bonita como una violeta". Diminutivo: Yola. Variaciones: Jolanda y Ylonda.

Zenaida—De origen griego, significa "aquella que pertenece a Zeus", el padre de los dioses del Olimpo. Diminutivo: Naida. Variaciones: Seneida y Zenoida.

Zita—De origen hebreo, significa "amante". También se cree que es el sobrenombre de Rosita. Una santa del siglo XIII que lleva este nombre es la patrona de la servidumbre doméstica.

Zoé—De origen griego, significa "vida".

Zoila—De origen griego, proviene de Zoé que quiere decir "vida".

Zoraida—De origen árabe, quiere decir "una mujer encantadora". Este nombre se hizo famoso con las óperas "Zoraida Di Granata" y "Don Quijote".

Zuleica—De origen árabe, proviene de la palabra *zuleika* que significa "rubio".

Zulema—De origen hebreo, significa "paz". Diminutivos: Suly y Zula. Variaciones: Solemma y Zulerma.

Los nombres de niños de la A–Z

Aarón—De origen egipcio. Derivado del hebreo *aharón* (el exaltado). La traducción moderna significa "el culto". Aarón fue hermano de Moisés y el primer gran sacerdote de los judíos. En la lengua hebrea tiene una variedad de significados tales como luz, inspiración, enseñar canto, resplandor y montaña. Variaciones: Aronida, Erón.

Abacum—Santo del siglo tercero que murió como mártir por ser pastor de los cristianos.

Abán—Nombre que se origina en la mitología persa. Musa del arte y la mecánica.

Abaristo—De origen griego, significa conforme según su traducción contemporánea. Variacion: Avaristoa.

Abdalah—De origen árabe. El nombre significa sirviente de Dios. Variaciones: Abdullah.

Abdénago—De origen hebreo, proviene de Abednego, lo cual significa "sirviente del dios Nego". En la Biblia, Nebuchanezzar arrojó a Abenago junto con sus seguidores Shadrach y Meshach en una fosa de fuego porque se rehusaron adorar una imagen dorada. Cuando los enviados del rey miraron dentro de la fosa, descubrieron cuatro hombres caminando entre las llamas. Los enviados les ordenaron que salieran de la fosa, sólo para confirmar que los cuatro estaban completamente ilesos y sin quemaduras. El cuarto de los individuos, se dijo, era un ángel del Dios verdadero. Variaciones: Abdeniago, Abedmago Adbonego, Avendio.

Abdías—De origen hebreo. El nombre significa esclavo de Dios. Abdías es recordado como el santo que predijo la destrucción de Edom en el año 900 a.C.

Abdiel—De origen hebreo. También significa sirviente de Dios. En la Biblia Abdiel fue el profeta que resistió al demonio.

Abdón—De origen judío. Significa sirviente de Dios. Recientemente su significado ha sido modificado a "pequeño sirviente". Abdón es recordado como un santo romano del siglo tercero. Diminutivo: Nona. Variación: Abdó, Abedón.

Abdulia—De origen árabe. La traducción literal es sirviente de Alá.

Abejundio—De origen hispano. Proviene de la palabra *abeja*. Variaciones: Abejundo.

Abel—De origen hebreo, se deriva de la palabra *hebel* (aliento). La traducción moderna es aliento de vanidad. En la Biblia Abel fue el segundo hijo de Adán y Eva. Variaciones: Abelon, Abiel, Avel.

Abelardo—De origen teutónico. Este nombre es la combinación de *adel* (noble) y *hard* (valiente, fuerte, duro); de allí que su significado sea "noblemente firme y determinado". Una variación de este nombre fue utilizada como el apellido de Pedro Abelardo en su amor por Eloísa en una novela romántica de la era medieval de Francia. Diminutivos: Beluch, Lalo. Variaciones: Afelardo, Avelardo, Ebelardo, Evilardo.

Abelino—De origen hispano. El nombre proviene de la palabra *avellanos* (árbol de nuez avellana). Así mismo encuentra su origen en la ciudad de Avellino, lugar de árboles de nuez avellana. Variaciones: Avalino, Avelimo, Avellino, Obelino.

Abil—De origen latino,o. Proviene de la palabra *asella* (hermosura). Variaciones: Abilio, Aviel.

Abimael—De origen hebreo, significa padre de Dios.

Abimelech—De origen hebreo, significa padre es rey. En la Biblia, Abimelech fue el rey de Cananea que incorporó a Sarah a su harén.

Abirio—De origen hebreo. El nombre significa el padre exaltado. Según la Biblia Abirio se rebeló en contra de Moisés y de Aarón y fue tragado por la tierra.

Abraham—De origen hebreo. El nombre también significa padre exaltado, padre de una nación poderosa o padre de una multitud. Abraham es venerado como un patriarca, padre y fundador de las tribus judías y árabes. Él fue el primero en demostrar una enorme lealtad y fe en Dios. Diminutivo: Brancho. Variaciones: Aberhan, Ahbrán, Avrán, Habrán, Ibrahim.

Absalón—De origen hebreo. El nombre significa padre de la paz. En la Biblia él fue el hijo rebelde y sin embargo, el hijo favorito de David. Absalón es recordado por su cabello largo y por su belleza.

Abundio—De origen latino,o. El nombre se relaciona con la palabra *abundius*, la cual tiene sus raíces en la palabra *abundas* (abundante, copioso, suficiente). La traducción moderna significa lleno de trabajos benignos. Diminutivo: Abundito. Variaciones: Abondio, Aboundio, Abundancio, Abundencio.

Acacio—De origen griego. Se deriva de la palabra griega *akakia* (árbol de acacia, árbol con espinas). La traducción moderna del nombre significa honorable. Variaciones: Acarcius, Accasius, Alcasio, Anicacio, Ecasio.

Aciano—De origen hispano. El origen del nombre viene de la flor de botella azul.

Acilino—De origen latino,o. El nombre proviene de la palabra latina *áquila*, que significa águila. Trece santos fueron bautizados con este nombre. Variaciones: Acilnio, Ancilino, Aquilina.

Acisclo—De origen latino. Está relacionado con la palabra *acisculus* (instrumento para pulir piedras). También es el nombre de un santo del siglo cuarto quien fue un mártir de Córdova. Su día se celebra el 1 de noviembre.

Adalbaldo—De origen alemán. El nombre combina *adal* (de noble linaje) con *baldo*, que significa (combate, lucha). La composición del nombre se traduce como el combate de la nobleza.

Adalberto—De origen alemán. El nombre combina *adal* (de noble linaje) con *beraht* (brilloso o resplandeciente). La combinación significa nobleza brillante. Un santo de este nombre, que nació en el siglo décimo, es el patrón de Bohemia y de Polonia. Su día se celebra el 23 de abril. Diminutivos: Adal, Beto. Variaciones: Adalverto, Addiberto, Adelberto, Adialberto, Edilberto.

Adalrico—De origen alemán. El nombre combina *adal* (de noble linaje) con *rik* (jefe, gobernante). Combinado el nombre significa gobernante de la nobleza.

Adalvino—De origen alemán. El nombre combina *adal* (de noble linaje) con *win* (amigo). El significado completo es amigo noble o amigo de la nobleza.

Adán—De origen hebreo. El significado literal de este nombre es tierra roja. Esta conexión con la naturaleza enfatiza la esencia de los seres humanos y su imagen hecha a la imagen de Dios mismo. Cinco santos han sido agraciados con este nombre. Variaciones: Adanaton.

Adauco—De origen latino,o. Esta relacionado con la palabra *adauctus*, la cual significa aumentar o crecer. Este fue el nombre de un santo del siglo cuarto. Su día es el 7 de febrero. Variaciones: Adauco, Adauto.

Adelfo—De origen griego. El nombre significa "de la misma forma". También ha sido traducido para significar hermana. Variaciones: Adelphino, Adelfino, Adelphuna, Odelfo, Odelfio, Odelfina.

Adelmo—De origen alemán. Este nombre se deriva de la combinación de las palabras *adal* (noble) y *mund* (protección); la combinación significa noble protector. Adelmo fue el nombre de un santo inglés del siglo octavo. Su día es el 25 de mayo. Diminutivo: Delmo. Variaciones: Adelelmo, Adelman, Adelmida, Adelmira, Adelnery.

Ademar—De origen alemán. El nombre viene del nombre Hadumar, el cual combina *hild* (combate, batalla) con *mers* ilustre, brillante, famoso). Por ello el nombre significa legendario en batallas y famoso, ilustre o brillante en los combates. Variaciones: Ademaro, Adimaro.

Adeodato—De origen latino,o. El nombre significa "aquel ofrecido a Dios".

Adolfo—De origen alemán. El nombre combina las palabras *adal* (noble) con *wulf* (lobo); de allí que su significado sea noble lobo o noble héroe. Adolfo fue un obispo alemán del siglo XIII. Su día se celebra el 11 de febrero. Diminutivos: Dolfito, Dolfo, Fonso. Variaciones: Adulfo, Ydolfo.

Adón—De origen fenicio. El nombre significa señor. Probablemente un nombre hebreo que designa a Dios. Variaciones: Adonino.

Adonaldo—De origen hispano. El nombre significa "repleto de habilidades".

Adonías—De origen hebreo. El nombre significa Jehová es el Señor. En la Biblia Adonías fue el nombre del cuarto hijo de David, el cual intentó suceder a su padre. Variaciones: Adonais, Adonaiso.

Adonis—De origen fenicio, significa señor. En la mitología griega fue el dios de la belleza. El nombre tam-

bién ha adquirido un significado de guapo o bien
parecido.

Adrián—De origen latino. Deriva del apellido de Adriānus (habitante de la ciudad de Adria).

Adulio—De origen latino. El nombre significa impulso
compulsivo por agradar a otros.

Aemilio—De origen latino. Deriva del apellido romano
Aemilius, el cual tiene sus raíces en *aemulus* (rival,
competir o emular). Variaciones: Aemiliano.

Agustino—De origen latino,o. Proviene de la palabra latina *augustus*, la cual significa venerado, majestuoso,
dignificado o exaltado. Diminutivos: Asta, Cacho,
Chucho, Tino, Tito, Tuto. Variaciones: Agostín, Agus-
tavo, Augusto, Austeo.

Aladino—De origen árabe. El nombre significa pico de
la religión. Es una combinación de las palabras *a'lā*
(altura) *al* (de) y *dīn* (religión). Literalmente Aladino
fue uno de los héroes de "Las mil y una noches" y
también el héroe de una película de Disney.

Alamar—De origen árabe. El nombre significa adorno de
oro, dorado o cubierto de oro. Variación: Alamaro.

Alano—De origen céltico. El nombre significa justo y
bien parecido. Dos santos han llevado este nombre.

Alarico—De origen teutónico. Proviene de la palabra alemana Adalrich, la cual combina *adal* (noble) y de *rik*
(gobernante, rey). El arreglo significa gobernante de
todos o gobernante noble. Un rey bizantino con este
nombre, saqueó Roma en el año 400 d.C. Diminutivo:
Rico.

Albano—De origen latino,o. El nombre proviene de la
palabra latina *albus* (blanco). Han habido cuatro santos
bautizados con este nombre. Variación: Albanasius.

Albaro—De origen alemán. El nombre significa caute-loso o extremadamente cuidadoso. En otro sentido, el nombre tiene sus raíces en el antiguo nombre inglés, Æfhere. Este nombre combina los significados *æf* (elfo) y *here* (armada). De allí que su significado sea ejército de duendes. Tres santos han tenido este nombre. Diminutivos: Alvi y Lalo. Variaciones: Alvar, Álvaro, Alverico.

Alberto—De origen alemán. El nombre combina *al* (noble) con *beraht* (brilloso o glorioso). De allí que el arreglo signifique nobleza gloriosa. Aunque han habido 28 santos con este nombre, el más reconocido fue San Alberto, del siglo XIII. Él fue uno de los más astutos científicos de su tiempo. Dedicó su tiempo a la escritura de libros sobre astronomía y geografía, lógica y matemáticas, física y química, ciencias naturales y filosofía, y también de teología y ética.

Alcibiades—De origen griego. El nombre significa "el que vive una vida vigorosa". La personas a las cuales se les asigna este nombre tienen la cualidad de ser dinámicos y energéticos, tal como su nombre lo dice.

Aldegundo—De origen alemán. El nombre se deriva de la combinación de *adal* (noble) y *hild* (batalla). Su significado es batalla de la nobleza. Una variación de este nombre, Aldegundis, santo del siglo III. Variaciones: Aldonza, Aldegundis.

Aldo—De origen alemán. El nombre significa noble. También significa amplia o extensa experiencia. El nombre está incluido dos veces en el *Diccionario de Santos*.

Aleatero—De origen hispano, significa dependiente de la buena fortuna.

Alejandro—De origen griego. El nombre significa el protector de los hombres. El significado de este nombre proviene de la combinación de *alexein* (defender o ayudar) con *andros* (hombre). Alejandro fue uno de los generales más grandiosos de todos los tiempos, conquistando gran parte del mundo antiguo. De todos los 46 santos que llevaron este nombre, el más conocido fue un santo del siglo V conocido por el gran número de milagros que hizo. Diminutivos: Alejo, Alendro, Alex, Jeandro. Variaciones: Alasio, Alefandro, Alejandor, Elisandro.

Alentín—De origen hispano. El nombre significa aquel que inspira o alienta.

Alfonso—De origen alemán. El nombre significa noble y preparado. Combina las palabras *adal* (noble) y *funs* (preparado, listo, capaz). Muchos santos han tenido este nombre. Diminutivos: Foncho, Loncho. Variaciones: Alefonso, Alfegio, Alonso, Alphone.

Alfredo—De origen anglosajón. Proviene de la palabra Alfred, que combina las palabras *ælf* (elfo, enano) y *ræd* (consejo). La combinación significa consejo élfico. En la antigua Inglaterra se creía que los duendes eran clarividentes, sagaces y sabios. Habitantes de las aldeas se aventuraban a los bosques para consultar con la "gente pequeña", quienes, se creía, podían ver el futuro y descifrar los resultados de eventos venideros antes de que sucedieran. Por ello, el nombre ha adquirido el significado de consejo sabio. San Alfredo fue un santo del siglo IV. Diminutivo: Fredo. Variaciones: Alfredo, Elfrido.

Alicio—De origen griego. En griego la palabra significa verdad. La variación alemana de este nombre significa ayudante o protector. Algunos creen que el nombre se deriva de la palabra alemana *alexien* (defender o socorrer). Un santo del siglo XIII llevaba este nombre. Diminutivo: Chichi. Variaciones: Aliceto, Aliseo.

Alipio—De origen griego, significa "aquel que está libre de tristeza o de pena". Alipio fue un santo del siglo VII.

Alirio—Santo francés del siglo IV.

Almaquio—Santo romano del siglo IV que fue martirizado por protestar en contra de los deportes de los gladiadores.

Aloisio—De origen alemán. Deriva de la palabra Hloudowig, la cual combina los significados de *hloud* (famoso o glorioso) y *wīg* (guerra). La combinación significa glorioso o famoso en la guerra. San Aloisio Gonzaga es el patrón de la juventud. Variaciones: Aloysius, Luis.

Amadeo—De origen latino. El nombre proviene de la palabra amor, significa el que ama a Dios. Santo del siglo XV. Variaciones: Amdes, Amado.

Amaranto—De origen latino,o. El nombre significa imperecedero. Un santo del siglo III llevaba este nombre. Diminutivo: Amario, Emaro. Variaciones: Amarande, Amerardo.

Amasio—De origen latino,o. El nombre significa amante. Variación: Amachio.

Ambrosio—De origen griego. Deriva de la palabra griega *ambrosios* (inmortal). Como los dioses del panteón griego eran también considerados inmortales, el nombre ha llegado a significar "relacionarse con los dioses". Un santo del siglo IV que llevaba este nombre fue un obispo quien ha sido honrado como uno de los cuatro doctores latinos más importantes de la Iglesia. Diminutivos: Bocho, Locho, Pocho. Variaciones: Ambarosio Ambraso, Ambrose.

Américo—De origen alemán. Este nombre es el equivalente hispano del nombre italiano Enrico, el cual tiene sus raíces en la palabra alemána *Heinrch* (gobernante de área cercada o gobernante de su propia casa). Américo Vespucio fue el explorador que descubrió las Américas. Diminutivos: Merco, Mimeco.

Amós—De origen hebreo. Deriva de la palabra '*āmōs* (destinado a ser quemado o conflictivo). El nombre fue creado por un profeta bíblico cuyas predicciones del desastre de Israel aparecen en el libro Amós en el Antiguo Testamento.

Amparo—De origen hispano. El nombre significa el favorito o el protegido. Variaciones: Amparao, Emparo.

Ampelio—De origen griego, significa cultivador de parras.

Anacleto—De origen griego, proviene de la palabra griega *Anaklētos* (llamado a, fuertemente invocado). Un mártir del siglo II llevaba este nombre. Diminutivos: Amacleto, Ancleto, Naclito. Variaciones: Anaclitor, Cleto, Enicleto.

Ananías—De origen hebreo, significa Dios es piadoso. En la Biblia, Dios se le aparece a un hombre piadoso de Damasco que llevaba este nombre.

Anastacio—De origen griego. Deriva de la palabra griega *anastasis* (resurrección). Muchos santos han llevado este nombre. Diminutivos: Anasto, Nancho, Tachito. Variaciones: Anacasio, Anastasium, Anstaceo, Atancio.

Anatolio—De origen griego, significa "el que viene del oriente." Traducciones más recientes de este nombre dicen que simboliza amanecer, salida del sol, madrugada y despertar. Cuatro variaciones de este nombre aparecen en el *Diccionario de Santos*. Variaciones: Anastolio, Antolín.

Andrés—De origen griego, significa fuerte o masculino. Alteraciones en la traducción han transformado el significado del nombre a "el viril". Andrés fue uno de los primeros apóstoles de Jesucristo. Fue llamado por el mismo Jesús a dejar sus redes de pesca para convertirse en pescador de hombres. Murió como mártir crucificado en una cruz con forma de X. Diminutivos: Andy, Necho, Tijo. Variaciones: Andero, Andreolo, Ondés.

Ángel—De origen griego, significa mensajero de los pensamientos de Dios. Se cree que los ángeles son seres espirituales que transmiten mensajes a los hombres para inspirar pureza, bondad y protección.

Aniseto—De origen griego, significa invencible. Dos santos han llevado este nombre.

Ansberto—De origen alemán. El nombre es una combinación de los significados *ansi* (divinidad, en relación con Dios) y *beraht* (brillante o esplendor). El resultado final significa el esplendor de Dios. Variaciones: Esverda.

Anselmo—De origen alemán. El nombre es una combinación de las palabras *ansi* (divinidad, en relación con Dios) y *helm* (casco, protección). El significado de este nombre sea "protegido por Dios". Muchos han sido los santos que han llevado este nombre. Diminutivo: Semo, Yemo. Variaciones: Anselino, Auselm, Zelmo.

Antonio—De origen latino, significa "más allá de cualquier precio" o "muy querido". De todos los San Antonios mencionados en el *Diccionario de Santos*, San Antonio de Padua fue el más conocido por sus sermones y sus enseñanzas. Se le recuerda como un hombre incansable con gran inteligencia y fraile franciscano de inmensa compasión por los pobres. Una de las 21 misiones en California lleva su nombre desde el 14 de julio de 1771. Diminutivos: Antonieto, Antonulo, Tonio, Tony. Variaciones: Andón, Antonius, Natonio.

Anunciación—De origen hispano. El nombre significa anunciar y se refiere al anuncio del arcángel Gabriel a la Virgen, que ella iba a dar a luz al niño Dios. El día 25 de marzo se honra este evento conocido como la Anunciación. Diminutivo: Anuncio. Variación: Nuncio.

Aparicio—De origen hispano. El nombre significa el acto de aparición y se refiere a la aparición de Jesucristo después de la resurrección. Variación: Aparición.

Apolo—De origen griego, significa el poder del sol. En la mitología griega, era el dios del sol, así como una de las divinidades de la música, poesía, profecía, medicina y actividades pastorales. También es conocido por su grandiosa belleza. Muchos santos han llevado este nombre, incluyendo un hombre a comienzos de la era cristiana, conocido por sus enseñanzas en la tierra de Alejandría.

Apolonio—De origen griego, significa "luz del sol". Variaciones de este nombre aparecen en varias ocasiones en el *Diccionario de Santos*. Diminutivos: Loño, Poli. Variaciones: Apolinar, Apolinario, Polinarius.

Aquiles—De origen griego, significa "sin labios". En la mitología griega, Aquiles fue un gran héroe de batallas y un gran líder, cuya única debilidad era su talón. Aquilo fue uno de los primeros sequidores de Jesucristo. Él y su esposa Priscila conocieron a San Pablo en Corinto. Diminutivo: Quilo. Variaciones: Aquilo.

Aquilino—De origen latino, significa "como águila". Este nombre esta incluido en el *Diccionario de Santos* varias veces.

Arcadio—De origen griego. El nombre se refiere a "aquellos nacidos en Arcadia o los *Arkadios* griegos." Diminutivo: Cadio. Variaciones: Acadro, Arcadie, Arcodyo.

Ariano—De origen griego, significa belicoso. En el Partenón griego Ariano era el equivalente a la figura romana Mars, Dios de la guerra. Variación: Arrio.

Aristeo—De origen griego. El nombre se deriva de la palabra griega *aristos* (mejor). Otras interpretaciones consideran el significado de este nombre es "inflexible". Un santo del siglo dos tuvo este nombre. Variaciones: Aresteo, Aristedes.

Armando—De origen alemán. Este nombre combina los significados de las palabras alemanas *heri* (armada) y *man* (hombre). De allí que el significado final es soldado o guerrero. También ha sido interpretado como héroe de la armada. Diminutivo: Mando. Variaciones: Almando, Arminio, Armundo, Germán.

Arno—De origen alemán. Este nombre proviene de la palabra alemána *arn* (águila). De acuerdo a las creencias espirituales de los indígena americanos, el águila facilita nuestra conexión con lo divino. También representa el estado de gracia y poder personal que se adquiere después de un trabajo arduo. Variación: Arnel.

Arnoldo—De origen alemán. Este nombre es una combinación de las palabras alemanas *arn* (águila) y *wald* (poder o fuerza); de allí que su significado sea "tan fuerte o tan poderoso como el águila". Un santo alemán del siglo IX con este nombre es recordado por su devoción a los pobres. Variaciones: Armaldo, Ornaldo.

Arnulfo—De origen alemán. Este nombre es un derivado de las palabras alemanas *arn* (águila) y *wulf* (lobo). Muchos santos han llevado este nombre. Diminutivo: Nulfo. Variaciones: Amulfo, Arnulio, Ernolfo.

Arquímides—De origen latino,o. Este nombre combina las palabras alemanas *archi* (jefe, primero, líder) con *mēdesthai* (meditar, contemplación). Su significado es "el primero que piensa sobre algo". Interpretaciones más recientes traducen la palabra como "inventor o iniciador". Un importante inventor, doctor y matemático griego en el siglo III a.C. llevaba este nombre.

Arsenio—De origen griego. Tomado de la palabra griega *Arsenio* (hombre, viril, masculino). Muchos santos con este nombre son mencionados en el *Diccionario de Santos*.

Artemio—De origen griego, significa "completo y perfecto". Muchos santos con este nombre son mencionados en el *Diccionario de Santos*. Diminutivo: Micha. Variaciones: Aretimo, Hortemio, Otemio.

Arturo—De origen céltico, significa "posición alta en la nobleza". Diminutivos: Pituro, Turi. Variaciones: Alturo, Auturo.

Aselo—De origen latino. Se cree que este nombre proviene de la palabra latina *asimus* (pequeño burro). Otras fuentes lo traducen como fresno delgado.

Asterio—De origen latino, significa "brillar como una estrella". En la mitología griega, Zeus convirtió a Asterio en codorniz. Muchos santos con este nombre son mencionados en el *Diccionario de Santos*.

Asunción—De origen latino,o. Deriva de la palabra hispana asunción y se refiere al ascenso del cuerpo y el alma de la Virgen María de la tierra al cielo. Este evento es celebrado anualmente como el Día de la Asunción. Muchos santos, hombres y mujeres han llevado este nombre. Diminutivos: Acencio, Chencho. Variaciones: Anscendión, Aucenisio.

Atanasio—De origen griego. Proviene de la palabra griega *athanasia* (inmortalidad, vivir eternamente, sin muerte). A un sabio del siglo IV que llevaba este nombre se le honra por haber combatido la herejía arriana. Diminutivo: Tanacio. Variaciones: Adamacio, Athanasius, Tunacia.

Atreo—Derivado del Atreo griego. En la mitología griega, la relación y los eventos de la familia Atrea sirvieron como inspiración para muchas de las tragedias griegas.

Audífaz—De origen latino, significa "el que instiga un ataque". Hubo un mártir del siglo II que fue asesinado por tratar de consagrar los restos de otros mártires.

Aurelio—De origen latino, proviene de la palabra *aurum* (oro). También tiene sus raíces del antiguo apellido romano Aurelio. Algunos santos han llevado este nombre.

Ausencio—De origen latino, significa crecer. Aparece varias veces en el *Diccionario de Santos*.

Austreberto—De origen alemán. El nombre combina los significados de *ostar* (oeste) con *beraht* (brillante); de allí que su significado sea brillo del oriente. El nombre también puede ser traducido como madrugada o amanecer. Variaciones masculinas y femeninas de este nombre aparecen en el *Diccionario de Santos*. Variaciones: Austruberta.

Auxilio—De origen latino, significa ayuda o protección. Modificaciones de este nombre aparecen en varias ocasiones en el *Diccionario de Santos*. Variaciones: Auxibio.

Bacilio—De origen griego, significa rey o majestad. De los santos que han llevado este nombre, el más conocido fue San Basilio el Grande, a quien se recuerda por sus extensos trabajos académicos. Diminutivos: Bacho, Chilo. Variaciones: Basibo, Basil, Bastilla.

Baldomero—De origen alemán. El nombre se deriva de la palabra alemana *Waldemar*, la cual tiene sus raíces en la combinación de *wald* (gobernante poderoso) y *mari* (famoso). El significado compuesto es famoso o legendario por su liderazgo. Diminutivos: Balde, Valdo. Variaciones: Baldemas, Valdino, Waldemar.

Baltasar—De origen judío, significa "Dios protege tu vida". Uno de los Tres Reyes Magos que visitó a la Sagrada Familia y le llevó ofrendas al Niño Jesús llevaba este nombre.

Baptisto—De origen griego. El nombre proviene de la palabra baptista (bautizador, o el que bautiza). Cuando un niño es bautizado con este nombre normalmente es en honor de San Juan Bautista. Se cree que las enseñanzas de Juan Bautista prepararon a la gente para el mensaje de Jesucristo. Variación: Bautista.

Bardomiano—De origen latino, significa hijo por adopción. Un mártir con este nombre es homenajeado el día 25 de septiembre.

Barnabus—De origen hebreo, significa hijo de consolación. En latín o en griego el nombre es conocido como una súplica o como un sermón. Aunque San Barnabus no es considerado como uno de los 12 apóstoles, aun así se le recuerda como un enviado. Él trabajó arduamente para traer el cristianismo a todos los habitantes del Imperio Romano y llegó a ser discípulo de San Pablo. Se le relaciona con las cosechas porque su día se celebra a mediados del verano. Variación: Bernabé.

Bartolomé—De origen hebreo. El nombre tiene varios significados, incluyendo "hijo de Tolomé" o "hijo de granjero". En otro sentido, la palabra se traduce como "el que puede prosperar o crecer en los surcos". Además de otros santos que han llevado este nombre, San Bartolomé fue uno de los 12 apóstoles originales. Diminutivo: Barto, Tola. Variaciones: Bartolomeo.

Baudilio—De origen céltico, significa victoria. En Francia existen aproximadamente 400 iglesias dedicadas a San Baudilio, quien ayudó a expandir el cristianismo en los siglos III y IV. Diminutivo: Lilo. Variación: Baudilion.

Belisario—De origen griego, significa flecha o arquero. Belisario Domínguez fue uno de los líderes de la Revolución Mexicana. Diminutivo: Chayo. Variación: Bilisario.

Benedicto—De origen latino, significa bendito. Aunque muchos santos han llevado este nombre, el más recordado es San Benito, padre del Mandato Sagrado, también conocido como la regla benedictina. Era un gran curandero, un conocido y respetado maestro. Su amplia influencia aun se puede sentir en la cultura occidental actual. Sus enseñanzas se enfocaban en el aprendizaje, las artes y la hospitalidad. Diminutivos: Beni, Bento. Variaciones: Bendito, Benedetto, Benito.

Benigno—De origen latino, significa benéfico, (cosechando los beneficios de amabilidad y los actos de caridad) o simplemente la calidad de ser amable y generoso. Variaciones: Benegno, Venino.

Benito—De origen latino, significa admirar a otro o hablar bien o amablemente de alguien. Diminutivo: Nito. Variaciones: Benentio, Benitario.

Benjamín—De origen hebreo, significa hijo de mi mano derecha o hijo favorito. En la Biblia, Benjamín fue el menor de los hijos de Jacob y Raquel. También se cree que era el favorito de Jacob. Fue el fundador de una tribu. Además, otros santos llevaron este nombre. Diminutivos: Benja, Chemin, Mincho. Variaciones: Benjamé, Benjamo.

Berilo—De origen griego. Palabra hispana derivada de la palabra griega *bēyllos* (gema verde marítima). Beryl se cristaliza en prismas de cristal, tales como la piedra de aguamarina. Esta piedra es conocida como la piedra del valor. Variación: Barilio.

Bernardo—De origen alemán. El nombre combina los significados de *bern* (oso) y *hard* (fuerte, poderoso, duradero). El nombre completo se entiende como: fuerte como un oso. San Bernardo de Montjoux fue el pastor de los habitantes de los Alpes y de los viajeros. Su posición como el santo patrón de los esquiadores y de los montañistas es un reflejo de su interés pastoral por la gente. Los perros alpinos de rescate de largo pelaje fueron nombrados en su honor. El santo más eclesiásticamente honrado fue San Bernardo de Claraval, quien exitosamente jugó un papel muy importante en la política y en los consejos de la Iglesia. Escribió tan elocuentemente que llegó a ser conocido como el "doctor bonachón" o como el "doctor dulce-como-la-miel". Esta también fue la razón de que fuera considerado el patrón de los cuidadores de abejas, de la miel de abejas y de los fabricantes de veladoras. De ahí proviene el dicho "se atrapan más abejas con miel que con vinagre". Diminutivos: Nino, Tato. Variaciones: Bernal, Bernadino, Venardo.

Bertrán—De origen alemán, significa "cuervo brillante". El cuervo es el símbolo de la magia y del conocimiento; símbolo que los indígena americanos llaman el Gran Misterio. El cuervo, se creé, lleva la energía de la magia ceremonial del ritual o del círculo de oración, hacia la persona para la cual la oración es dirigida. Este nombre se encuentra en varias ocasiones en el *Diccionario de los Santos*.

Bienvenido—De origen italiano. El nombre significa bienvenido. Varios santos han llevado este nombre.

Blas—De origen latino, significa tartamudear. En el siglo IV, San Blas escapó de la persecución y se refugió en una cueva. Allí cuidó de animales enfermos y heridos, por ello se le considera el santo patrón de los animales salvajes. Variaciones: Blasio, Blasido.

Buenaventura—De origen latino. El nombre combina las palabras italianas *bona* (bueno, justo) y *ventura* (suerte, fortuna). El nombre significa buena fortuna. En otro sentido, este nombre puede ser traducido pensando en las palabras latinas *bonus* (bueno) y *ventus* (viento). El segundo significado es buen viento, que por supuesto, para los navegantes los dos significados son sinónimos. Por eso no es sorprendente que una de las 21 misiones españolas, establecidas a lo largo de la costa de California fuese nombrada San Buenaventura, el 31 de marzo de 1782. El nombre se encuentra en varias ocasiones en el *Diccionario de los Santos*. Diminutivo: Ventura. Variaciones: Bonovento, Bonaventura.

Bonifacio—De origen latino. El nombre combina los significados de *bonum* (bien, bueno) con *fatum* (destino, suerte). El nombre expresa afortunado o destinado a la buena suerte. De los santos que han llevado este nombre, el más recordado es el que ayudó a convertir a los paganos que vivían en Alemania. Diminutivos: Boni, Chacha, Facha. Variaciones: Bonaciano, Bonifasio.

Calvino—De origen latino. Proviene del latín *calvinus* (calvo, franco). Jean Calvin fue el protestante francés que fundó las doctrinas calvinistas en el siglo XVI.

Camilo—De origen latino, significa hijo de libre y noble nacimiento. Un santo con este nombre fundó la orden de las Carmelitas de los Padres de la Buena Muerte. Diminutivo: Camito. Variaciones: Camillo, Camireno.

Candelario—De origen latino, deriva de la palabra hispana *Candelario* (vela de cera). El nombre hace referencia al día festivo católico conocido como La Purificación de Nuestra Señora o la Purificación de la Madre Virgen, que se celebra el 2 de febrero. Muchas velas son encendidas para iluminar el camino a la Sagrada Familia en su visita al templo en medio del invierno. Diminutivo: Candedo. Variación: Candelano.

Cándido—De origen latino, significa brillo blanco. El nombre aparece en varias ocasiones en el *Diccionario de los Santos*.

Carlos—De origen alemán. El nombre viene de la palabra Alemana *karl* (fuerte o masculino). Durante el tiempo de la plaga en Europa, San Carlos gastó todo su dinero y dedicó toda su energía al cuidado de enfermos. Diminutivo: Carlito.

Cayetano—De origen latino, proviene del pueblo de Caieta. Este santo del siglo XV fue reconocido como un gran erudito y como una fuerza importante en el movimiento en contra de la reforma. Diminutivo: Tano. Variaciones: Caitano, Cayitan, Cojetano.

Cecilio—De origen latino. Deriva del antiguo apellido romano Caecilius, el cual tiene sus raíces en *caecus* (ciego, de mirada borrosa). Algunos santos llevaron este nombre incluyendo al compañero de ayuno de San Cipriano. Diminutivo: Celio. Variación: Sicilio.

Ceferino—De origen latino, significa "brisa suave". También tiene la connotación de la personalización del viento del este, conocido como Céfiro en el folklore griego. El papa Céfiro del siglo III es recordado por su determinación en defender la divinidad de Jesucristo. Diminutivos: Ceffo, Sef. Variaciones: Cefenro, Sepherino, Zephrin.

Celedonio—De origen griego. El nombre hace referencia a las golondrinas, pájaros que tienen patrones migratorios muy rígidos. El retorno de las golondrinas a la Misión de San Juan Capistrano cada año es tan consistente que su celebración es planificada con anticipación para presenciar este magnífico retorno de las aves a su casa de verano. Variaciones: Celedón, Selidonio.

Celestino—De origen latino. Proviene del apellido romano *Caelius*, el cual tiene su origen en *caelum* (cielo). Este nombre ha llegado a significar "pertenecer al cielo". Variaciones: Celio, Selistino.

César—De origen latino. Deriva de *caesaries* (de abundante cabello). Diminutivo: Chayo. Variaciones: Cesario, Sezario.

Cipriano—De origen latino, significa "el que viene de Chipre (isla mediterránea en la costa de Turquía)". Un santo con este nombre fue el obispo de Cartagena en el siglo III. Él fue crucial en el desarrollo del pensamiento cristiano. Diminutivos: Sipio, Yano. Variaciones: Cipreano, Cypriano.

Ciríaco—De origen griego, significa "pertenecerle al Señor". Variaciones de este nombre aparecen en varias ocasiones en el *Diccionario de los Santos*. Diminutivo: Yaco. Variaciones: Cirido, Quirico.

Cirilo—De origen griego, se deriva de la palabra griega *kyrios* (caballeroso). En el lenguaje persa significa sol. El rey persa Ciro el Grande gobernó un amplio imperio en el siglo VI a.C.. Muchos santos han llevado este nombre. Diminutivo: Ciri. Variación: Cyrus.

Claudio—De origen latino. El nombre se deriva del apellido romano *Claudius*, el cual tiene sus raíces en *claudus* (cojo). El nombre es mencionado en el *Diccionario de Santos* más de 40 veces. Diminutivo: Cloyo. Variación: Claudicio.

Cleandro—De origen griego. Este nombre combina las palabras *kloe* (gloria, triunfante) y *andros* (hombre). Su significado es hombre triunfante o hombre de gloria. Variación: Cleanto.

Clemente—De origen latino, significa suave, indulgente o piadoso. De los santos que han llevado este nombre, el más conocido fue el cuarto papa, San Clemente. Él recibió su título de mártir cuando fue atado a un ancla y lanzado al mar. Se cree que los ángeles construyeron su tumba en medio del océano, la cual es visible sólo una vez al año si la marea baja. Por ello, si se bautiza a un pueblo con este nombre, sólo se haría si el pueblo está a la orilla del mar. Diminutivos: Mencha, Tente. Variaciones: Clementio, Clemte.

Cleto—De origen griego, significa ilustre. Un hombre con este nombre se convirtió en el segundo sucesor de San Pedro. Variación: Cleyto.

Conrado—De origen alemán. El nombre combina las antiguas palabras alemanas *kuon* (franco, sabio) y *rat* (consejo, aconsejar); de allí que su significado sea consejo sabio. Varios santos llevan este nombre. Variación: Conrodo.

Constancio—De origen latino, significa constancia. Variaciones de este nombre aparecen 41 veces en el *Diccionario de los Santos*. El gobernante del siglo IV, Constantino el Grande, se convirtió al cristianismo y jugó un papel importante en la propagación de esta fe entre la gente. Diminutivos: Conso, Stanzo. Variaciones: Constantine, Constanz.

Cornelio—De origen latino, significa "vida larga". También es un derivado griego del árbol cornel, el cual era sagrado para el dios Apolo. Las plantas "dogwood" y "bunchberry" son de la misma familia cornel y son consideradas de hojas caducas. En otras palabras, se fertilizan ellas mismas, renovándose y creciendo más fuertes cada año. Además, no sucumben a las plagas, lo que las hace fuertes y duraderas. El nombre también proviene de la palabra *cornu* (cuerno), que posiblemente hace referencia al inmortal unicornio. De esta forma las tres definiciones comparten una connotación de una vida prolongada o duradera. Diminutivos: Melio, Nelo. Variaciones: Cornello, Cornilio.

Cosme—De origen griego. El nombre significa orden y hace referencia a la armonía y consistencia del cosmos, del Universo. En el siglo III, Cosme y Damián fueron los médicos gemelos sicilianos que se rehusaban a aceptar dinero por sus servicios. Variación: Cosmas.

Crespín—De origen latino, significa pelo rizado. Aunque hay 18 santos con este nombre, el primero fue un bondadoso zapatero que hacía zapatos para los pobres, por ello es considerado como el santo patrón de los zapateros. Diminutivos: Cres, Pino. Variación: Crispín.

Crisanto—De origen griego, proviene de la palabra griega *chrysanthemon* (flor dorada). Algunas flores de *chrysanthemum* son comestibles y otras son usadas con fines medicinales. Varios santos han llevado este nombre. Variaciones: Cresanto, Crizanto.

Cristóforo—De origen griego. El nombre es una combinación de *Christos* (cristo) y *pherein* (llevar). El nombre significa llevar a Jesucristo. San Crisóforo fue un gigante que originalmente era conocido como Offero. Vivió como un ermitaño y ayudaba a la gente a cruzar un río. En una ocasión cuando el gigante ayudó a un niño a cruzar el río, encontró su peso casi imposible de soportar. Cuando finalmente arribó al otro lado del río, el niño se reveló así mismo como Jesucristo y le dijo a Offero que desde ese momento su nombre sería Cristóforo, que significa llevar a Jesús. Se cree que el peso que Cristóforo cargó a través del turbulento río fue el peso del mundo entero. Muchos esquiadores de agua hoy en día llevan consigo un pendiente de San Cristóforo cargando a Jesús en sus hombros, como protección en contra de las tempestuosas olas del mar.

Cristian—De origen griego, proviene de la palabra griega *christiiānus* (seguidor de Jesucristo o pertenecer a la religión de Jesucristo). Versión española de cristiano.

Cristo—De origen griego, deriva de la palabra griega *christos* (el ungido). En otro sentido, el nombre se traduce como útil o servicial. Variación: Cristelo.

Cristóbal—De origen griego, significa llevar a Jesucristo.

Cruz—De origen latino, proviene de la palabra hispana cruz. Hace referencia a la cruz en la cual Jesucristo fue crucificado.

Cuautémoc—De origen indígena americano. El nombre significa "águila que sigue". El águila representa nuestra conexión con lo divino. Ella simboliza el refinamiento que uno alcanza al enfrentar los retos de la vida, al creer en uno mismo y en nuestra unión con Dios, la fuente de todo lo que es bueno. Las plumas del águila son las más sagradas. Otro nombre para el lenguaje azteca es náhuatl. El uso de nombres de indios está aumentando. Los nombres provenientes de la cultura azteca son la fuente principal de nombres indígenas.

Curcio—De origen francés. El nombre significa cortés.

Dámaso—De origen griego, proviene de la palabra griega *damān* (domar). Un papa y doctor del siglo IV llevaban este nombre. Variaciones: Damacio, Damasiano, Dómaso.

Damián—De origen griego, proviene de la palabra griega *damān* (domar). El nombre significa domador o guía. San Damián a menudo es asociado con su hermano San Cosme. Los dos trabajaron al ofrecer servicios médicos sin remuneración monetaria alguna. Variación: Damiano.

Daniel—De origen hebreo, proviene de la palabra *dāni'ēl* (Dios juzga o el Señor es quien me juzga). Daniel fue un profeta bíblico y es recordado por haber escapado del foso de los leones. El nombre aparece 35 veces en el *Diccionario de los Santos*. Diminutivos: Danilo, Donelo.

Dante—De origen italiano, significa soportar, resistir.

Darío—De origen griego, significa el que defiende lo bueno o las riquezas.

David—De origen hebreo, se deriva de la palabra *dāvīd* (querido, amado). En otro sentido el nombre significa amigo. También se puede traducir el nombre como querido amigo. En la Biblia, uno de los personajes más famosos a los cuales les fue dado este nombre fue un humilde pastor quien peleó y derrotó al gigante Goliat. Años después llegó a ser el rey de Israel y se cree que fue el autor de muchos Salmos. Variación: Dabid.

Delgadino—De origen castellano, proviene del apellido castellano Delgado.

Delmar—De origen latino. El nombre se deriva de las palabras *del* y *mar*. El nombre significa del mar o marinero.

Demetrio—De origen griego, significa perteneciente de Démeter, la diosa griega de la agricultura y de la fertilidad. Ella vigila el desarrollo de todo lo que crece, pero en particular es guardiana de los granos. El nombre aparece 53 veces en el *Diccionario de los Santos*. Diminutivo: Mecho. Variaciones: Demeterio, Demestrio.

Democles—De origen griego, proviene de la palabra griega, *Damoklēs* (gloria de la gente). El nombre tiene sus origenes en la combinación de los significados de *dēmos* (gente, pueblo) con *kleos* (gloria). Un ambicioso cortesano de Siracusa con este nombre atendió a un banquete en el cual una espada fue suspendida sobre su cabeza. Este acto intentaba enseñarle las peripecias de ser rey. La frase "la espada de Damocles" tiene sus origenes en esta parábola. Variación: Damocles.

Deogracias–De origen latino. El nombre combina los significados de *deo* (Dios) y *gracias*, de ahí que el nombre denote gracias a Dios. Un obispo en el siglo V fue el pastor espiritual de prisioneros después del saqueo de Roma. Variación: Diogracias.

Desiderio–De origen latino, proviene de la palabra latína *desiderius* (muy bien). En otro sentido el nombre significa deseo, añoranza, o pena por una persona ausente. Algunas variaciones de este nombre aparecen en el *Diccionario de los Santos*. Diminutivos: Desi, Yeyo. Variaciones: Dejiderio, Desidereo, Desuderio.

Diego–De origen latino. Proviene de hebreo *ya'aqob* (agarrarse del talón o suplantar). A menudo se da como nombre independiente, pero es un diminutivo de Jaime. Jaime tiene sus raíces en la palabra latina *Iacobus*, que a su vez tiene sus raíces en la palabra *Iakōbos*. Este nombre se originó de la palabra hebrea *Yaakov*. La misión de San Diego fue la primera misión que el padre Sierra estableció en California.

Dimas–De origen eslavo, significa guerrero fuerte.

Diómedes–De origen griego, significa pensamiento o plan.

Dionisio–De origen griego, significa consagrado a Dionisios, el gran dios de la fertilidad, del vino y de la juerga. Variaciones de este nombre aparecen 68 veces en el *Diccionario de los Santos*. Diminutivo: Nicho. Variaciones: Deniso, Dyonisio.

Domingo–De origen latino, proviene de *dominus* (señor o amo); el nombre significa "del Señor". También se refiere al día domingo y es dado a los que nacen este día. De los santos que llevan este nombre, el más venerado es Santo Domingo, un español cuyo entusiasmo religioso surgió de su lucha contra la herejía. Su madre tuvo una visión de un perro cargando una antorcha ardiente durante su embarazo. De ahí que el sobrenombre de la orden Dominicana sea "los perros de caza de Dios". Diminutivo: Mingo. Variaciones: Dominciano, Domino.

Donaciano—De origen castellano, proviene de *donare* (dar o donar). En traducciones contemporáneas el nombre ha llegado a significar regalo o donación. De los 65 santos que han llevado este nombre, el más honrado ha sido el obispo de Casae Nigrae en el siglo IV. Poseia ideas muy rigorosas acerca de la pureza y de la integridad y fundó una secta cristiana al norte de África. Diminutivo: Chano. Variaciones: Donacio, Donato, Donotiano.

Donaldo—De origen gaélico, proviene de Domhnall (gobernante del mundo). Otro significado del nombre es príncipe del universo. Variación: Donaldonio.

Dositeo—De origen griego, significa regalo de Dios.

Edgardo—De origen anglosajón, significa lanza o jabalina. Diminutivo: Lalo. Variaciones: Edgar, Edgrado.

Edmundo—De origen anglosajón. El nombre es una combinación de las palabras *ēad* (riqueza, rico, próspero) y *mund* (mano o protección). El nombre completo significa protección de riquezas o protección de prosperidad. Existieron algunos santos con este nombre. Diminutivo: Mundo.

Eduardo—De origen anglosajón. El nombre es una combinación de los significados *ēad* (riqueza, rico, próspero) y *weard* (guardián o protector). El nombre expresa rico guardián. Diminutivos: Duardo, Guayo. Variaciones: Eduarelo, Edward.

Eferino—De origen latino, proviene de la palabra en latín *efferus* (fiero).

Efraín—De origen hebreo, proviene de *ephrayim* (muy fructuoso). En la Biblia Efraín fue el hijo menor de

José y fundó la tribu de Efrain. Diminutivo: Juncho, Variaciones: Efaim, Efrin, Ephrain.

Eleazar—De origen hebreo. Es la traducción castellana de Lázaro, el cual tiene sus raíces en *el'āzār* (Dios ha socorrido). Fue el tercer hijo de Aarón y llegó a ser un gran sacerdote después de su padre. Varios santos han llevado este nombre. Variaciones: Eleasar, Elicerio.

Eleuterio—De origen griego, proviene de *eleutheria* (libertad). Más de 20 santos con este nombre aparecen en el *Diccionario de los Santos*. Diminutivos: Teyo, Elut. Variaciones: Elentoriz, Elouterio.

Elián—De origen castellano, es una combinación entre los nombres Elizabeth (Dios es mi promesa) Juan (Dios es amable). El nombre completo significa "aquel al cual le ha sido asegurada gracia y perdón".

Elías—De origen hebreo. Es la variación castellana de Elijah, el cual proviene de *'ēlīyāhū* (Jehova es Dios). Diminutivo: Lincha. Variación: Elíaz.

Eligio—De origen latino, significa el elegido. De los tres santos que llevaron este nombre, el más venerado fue un orfebre del siglo VII. Variaciones: Elijo, Eloi, Eloy.

Eliseo—De origen hebreo, Variación castellana de Elisha, el cual se deriva de *elīshā* (Dios es mi salud y salvación). El nombre aparece nueve veces en el *Diccionario de los Santos*. Diminutivos: Cheyo, Licha. Variaciones: Eliseo, Elysio.

Eloíso—De origen alemán, significa completo. Diminutivos: Lucha, Elocio, Elosio.

Elpidio—De origen griego, significa esperanza. Por lo menos 15 santos han llevado este nombre. Variación: Elpodio.

Emilio—De origen alemán y latino. Se presume que proviene de la palabra alemana *amal* (trabajo). Al nombre se le ha dado el significado de diligente. Otros aseguran que el nombre tiene sus raíces en el apellido latino Aemilius, el cual viene de la palabra *aemulus* (emular o imitar para superar.

Enrique—De origen alemán. El nombre es el equivalente en castellano del nombre alemán Heinrich (gobernante del hogar o de una residencia). Otra fuente dice que significa rey del bosque. Existen varios santos con este nombre. Diminutivos: Kiko, Erik, Quinto. Variaciones: Enriques, Henrico.

Epifanio—De origen griego, proviene de la palabra *epiphaneia* (apariencia, manifestación). El nombre se relaciona a la epifanía, la cual hace honor a tres eventos: la visita de los Tres Reyes Magos, el bautismo de Jesús y el primer milagro de Jesús en Caná. Diminutivo: Pifano. Variaciones: Epifonio, Espin.

Erasmo—De origen griego, se deriva de la palabra *Erasmios* (adorable), la cual tiene sus raíces en *eran* (amar). El nombre ha llegado a significar digno de amor o adorable. Variaciones: Elmo, Erasumus.

Erasto—De origen griego, proviene de la palabra *Erastos* (amado, querido), la cual tiene sus raíces en *eran* (amar). El nombre ha llegado a significar digno de amor o amado. Variación: Erastro.

Erico—De origen alemán. El nombre combina las palabras *ahre* (honor, admiración) y *rīk* (gobernante, rey). El nombre equivale al admirable gobernante o rey. En otro sentido el nombre tiene sus raíces en los antiguos vikingos noruegos, cuyo nombre es derivado de *ei* (duradero, eternidad) y *rikr* (gobernante, rey). El segundo significado es rey eterno. Variación: Enrique.

Ernesto—De origen alemán. El nombre significa serio, firme y sincero. Diminutivos: Ernio, Nesto. Variaciones: Ernestor, Ernilo.

Esaú—De origen hebreo, significa cubierto de cabello. En la Biblia Esaú fue el hijo de Rebeca e Isaac. Vendió su primogenitura a su hermano Jacobo.

Estanislao—De origen eslavo combina *stan* (gobierno) y *slav* (glorioso). El nombre significa gobierno glorioso. Diminutivos: Lalo, Tani. Variaciones: Estamislao, Estansilio.

Esteban—De origen griego. Proviene del latín *Stephanus*, el cual tiene sus raíces en la palabra griega *Steaphanos* (corona, adorno de la cabeza). Aunque 82 santos han llevado este nombre, el más honrado ha sido San Esteban, quien fue un poderoso predicador y el primer mártir cristiano.

Estuardo—Derivación castellana de la palabra inglesa Stuart (camarero o guardabosques).

Eugenio—De origen griego. Derivado de la palabra *eugenēs* (de buena familia, aristócrata). El nombre aparece cincuenta y cuatro veces en el *Diccionario de los Santos*. Diminutivo: Geño. Variaciones: Eginito, Eugercio.

Eulogio—De origen griego. El nombre combina los significados de *eu* (bueno, bien) con *logikos* (razonar, hablar). El nombre equivale a buen orador. Muchos santos han llevado este nombre, quizás en un intento por expandir el cristianismo. Diminutivo: Locho. Variaciones: Eluochio, Olijio.

Eusebio—De origen griego. El nombre combina los significados de *eu* (bueno, bien) con *sebein* (adorar o orar). El nombre equivale a piadoso o religioso.

Eustacio—De origen griego. Versión castellana de Eustace, el cual proviene de *austachys*; este combina las palabras *eu* (bien, bueno) y *stachys* (grano de maíz). El nombre significa abundancia de maíz, frutoso, abundante. Un segundo significado es firme, consistente o constante. Los campesinos esperaban que la cosecha de maíz fuese abundante, he aquí la conección entre los dos significados. Variación: Euschio.

Evaristo—De origen griego. El nombre significa bien o bueno y toma su significado de *eu* (bueno). Además de los cuatro santos que han llevado este nombre, el cuarto papa también llevó este nombre. Fue el quien separó la antigua Roma en parroquias y diaconados. Variación: Ebaristo.

Everardo—De origen griego, combina los significados de *ebur* (jabalí salvaje) y *harto* (fuerte). El nombre equivale a fuerte como un jabalí. El jabalí salvaje es un animal sagrado para los indígena americanos. El nombre representa el valor necesario para enfrentar los retos que la vida presenta, ya sea convirtiendo debilidad en fortaleza, enfrentando una relación difícil o los cambios de dirección en nuestra vida. Es aceptar a la gente y las situaciones a nuestro alrededor. La medicina del jabalí nos enseña a encarar los problemas directamente de una manera activa para reclamar la energía de nuestro espíritu. Algunos santos llevaron este nombre. Diminutivo: Lalo. Variaciones: Averando, Eberardo, Everaldo.

Ezequías—De origen hebreo. Deriva de *hizqīyāh* (Dios nos fortalecera). En la Biblia, Ezequías fue el rey de Judea conocido por su habilidad de gobernar justamente. Èl reinó en el tiempo de Isaías. Diminutivo: Checo. Variaciones: Esequiz, Ezequís.

Ezequiel—De origen hebreo, proviene de *yehezq'ēl* (Dios nos fortalecerá). En la Biblia, un profeta con este nombre fue conocido como un gran visionario que podía describir el futuro con lujo de detalle. Sus profecías fueron incluidas en el libro de Ezequiel del Antiguo Testamento. Diminutivos: Chequelo, Quiel, Ziek. Variaciones: Esequiel, Ezekiel.

Fabián—De origen latino. El nombre proviene del apellido romano Fabius, el cual tiene sus raíces en *faba* (frijól). Aparece 16 veces en el *Diccionario de los Santos*. Variación: Fabio.

Faustino—De origen latino. Es la versión masculina de Faustina. Derivado de Faustus (proveedor de buena suerte), el cual tiene sus raíces en *fauste* (próspero, afortunado). El nombre aparece 87 veces en el *Diccionario de Santos*. Diminutivo: Faz. Variaciones: Faustano.

Febronio—De origen latino, proviene del nombre del mes de febrero. También se relaciona con la festividad de la Purificación de Nuestra Señora, la cual se celebra el 2 de febrero. Variación: Frebrico.

Federico—De origen alemán. El nombre proviene de Friedrich y combina a *frithu* (paz) y *rīk* (gobernante). El nombre equivale a gobernante de paz. También se refiere a las cualidades de poder y de paz. Diminutivo: Lico. Variación: Fredico.

Felipo—De origen griego, combina las palabras *philos* (amar) y *hippos* (caballos). El nombre significa amante de caballos. De los 55 santos que han llevado este nombre, el más importante es el apóstol Felipe. Diminutivo: Felo. Variaciones: Felipe, Philip.

Félix—De origen latino, el significa feliz o alegre. San Félix escapó de la persecución con la ayuda de un ángel. Se escondió en una cueva, donde una araña tejió inmediatamente una red que cubría la entrada de la cueva escondiéndolo. Fue conocido por su compasión y generosidad. Diminutivos: Chito, Felichi. Variaciones: Felicidad, Feliciano, Felicismo.

Fernando—De origen alemán, este nombre tiene muchas traducciones. Proviene de las palabras *frithu* (paz), *fardi* (viaje), *ferchivus* (espíritu de niño) *nanths* (valentía), *nand* (preparado, listo) y *nanthi* (atrevido, riesgozo). Estos son los diferentes significados del nombre: "aventurero", "vagabundo y valiente viajero", "el que trae paz a un viaje peligroso". Diminutivo: Nando. Variación: Fernedo.

Fidel—De origen latino, proviene de *fidelis* (fiel, leal, confiable). En la época victoriana se ordenaba que las pinturas de bodas tuvieran un perro, pues se les consideraba un símbolo de lealtad. De allí que un nombre común de perros sea Fido. Diminutivo: Fido. Variación: Fidelio.

Fidencio—De origen latino, significa confidente o seguro de sí mismo. Varios santos han llevado este nombre. Variación: Fidensio.

Filadelfo—De origen latino, proviene de Philadelphus. El nombre significa amor fraternal.

Filemón—De origen griego, significa amar o afecto. De acuerdo con la mitología griega, Filemon y Baucis fueron los únicos que ofrecieron posada a Zeus y a Hera. Por ello les fue dada vida eterna y fueron inmortalizados en forma de árboles. Variaciones: Felemon, Philemon.

Filiberto—De origen griego. Es una combinación de *fila* (mucho) con *beraht* (brillo, famoso, celebrado). El nombre significa excepcionalmente celebrado o bien conocido. Variación: Fileberto.

Florencio—De origen latino, proviene de *florens* (abundante, florecer). El nombre aparece 66 veces en el *Diccionario de los Santos*. Diminutivos: Poncho, Tino. Variación: Florenzo.

Fortunato—De origen latino, proviene de *fortūnātus* (afortunado, suertudo). Variaciones de este nombre aparecen 69 veces en el *Diccionario de los Santos*. Variaciones: Fortunado, Furtanato.

Fortuno—De origen latino, proviene de *fortuna* (oportunidad, fortuna, destino). Una diosa con este nombre era la encargada de la suerte y de las oportunidades. Ella concedía derrotas o riquezas y buena suerte. Diminutivo: Tuno. Variación: Fortunio.

Francisco—De origen latino. Proviene de la palabra francesa *franc* (libre). El nombre tanbién significa de Francia o un hombre libre. Aunque hay 48 santos a los cuales se les ha dado este nombre, el más venerado y querido fue San Franciso de Asís. Él fue el primero en experimentar los estigmas—las cinco heridas que padeció Jesucristo en la cruz. También se le recuerda por su famoso sermón a los pájaros y por la inauguración del pesebre de Navidad. Diminutivos: Paco, Pancho, Paquito. Variaciones: Francis, Franco.

Fructuoso—De origen latino, significa fructífero fértil y abundante. Varios santos han llevado este nombre, incluyendo el Obispo de Tarragona en el siglo III. Variaciones: Fructo, Frutoro.

Gabriel—De origen hebreo, proviene de *gavhrī' ēl* (Dios es fuerte o Dios es mi fortaleza). Gabriel es el arcángel y mensajero de Dios. Él anunció a María el plan de Dios para salvar al mundo con la proclamación "concebirás en tu vientre y traerás al mundo un hijo que deberás llamar Jesús". Diminutivo: Gabe. Variaciones: Abrielo, Gabril.

Galeno—De origen griego, proviene de *galēnē* (calmado). Otro significado es pequeño brillo.

García—De origen castellano. Tomado del apellido castellano que significa zorro. El zorro representa nuestra habilidad de escondernos en nuestros alrededores para observar sin ser descubiertos. Su arte es el camuflaje, igual que el camaleón. Su mejor atributo, sin embargo, es ser el protector de la unidad familiar. Otras fuentes indican que el nombre tiene orígenes teutónicos y que significa poderoso con la lanza.

Gaspar—De origen persa, significa maestro del tesoro. Gaspar fué uno de los Tres Reyes Magos que llevó regalos al niño Dios, en la noche de su nacimiento. Gaspar de Portola fue el líder de la caballeriza encargada de proteger al padre Serra cuando establecieron el sistema de misiones en California durante el siglo XVIII y XIX. Variación: Gazpar.

Gastón—De origen teutónico, significa hospitalario.

Gedeón—De origen hebreo, proviene de *gidh'ōn* (talador de árboles). Otras fuentes lo traducen como guerrero poderoso, peleador y juez.

Gemino—De origen latino, proviene de *gemini* que significa gemelos y se refiere a los gemelos Cástor y Póllux. También es el tercer signo del zodíaco, el cual reina de mayo a junio. Individuos nacidos bajo este signo a menudo muestran características polares en su personalidad. A menudo son perceptivos, inquisitivos y persistentes.

Genaro—De origen latino, proviene de Januarius, el mes de Janus, o enero. Janus era el dios romano de principios y finales. Tenía dos caras que miraban en direcciones opuestas. El nombre aparece 62 veces en el *Diccionario de los Santos*.

Generoso—De origen latino, significa ser generoso.

Geraldo—De origen alemán. El nombre es una combinación de *ger* (lanza) y *wald* (gobernar, líder). El nombre significa gobernante de lanza o dirigir con una lanza. Ocho santos han llevado este nombre. Variaciones: Giralda.

Gerardo—De origen alemán. El nombre es una combinación de *ger* (lanza) y *hart* (campechano, decidido, fuerte). El nombre significa fuerte como una lanza.

Dieciséis santos han llevado este nombre. Variaciones: Gernado.

Germán—De origen alemán. El nombre es una combinación de *hari* (armada) *ger* (lanza) y *man* (hombre). El nombre significa soldado o hombre con lanza.

Gervasio—De origen teutónico. El nombre es una combinación de la palabra alemana *ger* (lanza) y la palabra céltica *vass* (sirviente). El nombre significa sirviente de la lanza. Variaciones: Gervacio, Jervaso.

Gilberto—De origen alemán. El nombre está compuesto por *gisil* (promesa) y *beraht* (brillante, reconocido). El nombre significa promesa reconocida. Diminutivos: Beto, Gil. Variaciones: Gilberso, Hilberto.

Gonzalo—De origen alemán, significa pelea o combate. Existen cinco santos con este nombre. Diminutivo: Gonzi. Variaciones: Gonzales.

Gregorio—De origen griego. El nombre proviene de la palabra Grēgorios (vigilante), la cual tiene sus raíces en *egeirein* (despertar). Muchos han sido los Gregorios que han sido canonizados entre los mártires romanos, pero los más venerados fueron Gregorio el Grande y Gregorio Milagroso. Un año después de convertirse en el magistrado civil de Roma Gregorio el Grande decidió dedicarle su vida a Cristo. Vendió la mayoría de sus pertenencias y se convirtió en monje. En diez años fue elegido papa. Escribió la Dedicación Pastoral, la cual explicaba y reorganizaba las differentes obligaciones de los obispos. Éste se convirtió en un texto muy importante para la Iglesia medieval. Ahora es recordado por su trabajo con los cantores de la Iglesia. Los cantos gregorianos llevan su nombre. Gregorio de los Milagros se ganó este nombre dado los múltiples milagros que hizo, incluyendo varios en los que manipuló los elementos físicos, como el cauce de un río, mover una montaña e invocar un temblor.

Guido–De origen teutónico, significa guía famoso.

Guillermo–De origen alemán. Combina las palabras *willeo* (voluntad, resolución) y *helm* (casco, protección). El nombre equivale a casco de resolución o protector con voluntad firme. El nombre aparece 50 veces en el *Diccionario de los Santos*. Diminutivos: Guico, Memo. Variaciones: Giermo, Guillelmo.

Gumersindo–De origen alemán, significa camino de guerra. Diminutivo: Chindo. Variación: Guimenindo.

Gustavo–De origen teutónico, significa sostener el bastón de la realeza o de los dioses. Diminutivos: Chavo, Tavito. Variaciones: Gustabo, Gutavo.

Héctor–De origen griego. Proviene de Hecktōr (ayuno de día festivo), el cual tiene sus raíces en *echein* (sostener o tener). El nombre significa firme, resuelto. Diminutivos: Eto, Tito. Variaciones: Ector, Hecktor.

Helio–De origen griego, significa sol. Variación: Elio.

Heliodor–De origen griego. El nombre combina *hēlios* (sun) y *dōron* (regalo). El nombre es mencionado 10 veces en el *Diccionario de los Santos*. Diminutivo: Dor. Variación: Eliodoro

Heráclio–De origen griego. El nombre combina *Hēra* (la reina del panteón griego y esposa de Zeus) y *kleos* (gloria). El nombre significa cumplir bajo la gloria de Hera. Otra interpretación ya que Hera era realeza divina, fue gloria divina. Variación: Heraclea.

Herberto–De origen anglosajón, combina a *here* (armada) y *boerht* (brillante, inteligente). El nombre significa brillante armada. Diminutivo: Heri. Variaciones: Ereberto, Heberto.

Herculano–De origen griego, significa pertenecer a Hércules. El nombre es la versión castellana del nombre griego Hércules, Dios conocido por su fortaleza,

tamaño y valor. También es el nombre de una coste-
lación del hemisferio norte. Varios santos han llevado
este nombre. Variaciones: Arculano, Herculese.

Hermán—De origen alemán, combina a *heri* (armada) y
man (hombre). El nombre significa guerrero o soldado.
Otras fuentes sugieren que el nombre significa lugar
sagrado. Diminutivo: Hermio. Variaciones: Arminio,
Hermino.

Hermes—De origen griego, significa mensajero. De
acuerdo a la mitología griega, un dios con este nombre
tenía tres responsabilidades, mensajero de Dios, entregar las almas a Hades y fertilizar los ganados. Dieciocho santos llevaron este nombre. Variación:
Hermenes.

Hesiquio—De origen hebreo, significa fortaleza en Dios.
En la Biblia el fue el rey de Judá por 29 años. Más de
20 santos han llevado este nombre. Diminutivo: Chico.
Variaciones: Ezekio, Ezquio.

Higinio—De origen griego, significa saludable o aquel
que tiene buena salud. De acuerdo a la mitología griega
Higinio es la personificación de la buena salud.

Hilario—De origen latino, proviene de *hilaris* (feliz, alegre, gracioso), el cual se origina de la palabra gra-
ciosísimo en inglés. El nombre aparece 35 veces en el
Diccionario de los Santos. Diminutivo: Lalo. Variación: Helario.

Homero—De origen griego, proviene de *homēros*
(ciego). Al renombrado autor de la Iliada y la Odisea
le fué concedido este nombre.

Horatio—De origen latino. Proviene del apellido romano
Horatius, el cual tiene sus raíces en *hora* (hora,
tiempo). Diminutivo: Lacho. Variaciones: Horacio, Or-
acio.

Hugo—De origen francés. Deriva de la palabra *hugu* (corazón, mente). El nombre significa aquel que tiene entendimiento espiritual e inteligencia. San Hugo, patrón de los cisnes, llegó a ser asociado con este animal cuando domó uno de ellos y lo convirtió en su mascota. El cisne escondía su cabeza en el ropaje de San Hugo y lo seguía adonde quiera que él iba, pero retornaba a la maleza cuando el santo estaba de viaje.

Ignacio—De origen latino, proviene del apellido romano Egnatius, el cual tiene sus raíces en *ignis* (fuego). El nombre significa ardiente, apasionado. De los santos con este nombre, el más venerado es San Ignacio de Loyola. El fue el sacerdote español que fundó la Sociedad de Jesús, también conocida como los Jesuitas. Diminutivos: Nachito, Nacho. Variaciones: Igacio, Ignatius.

Indalecio—De origen griego, proviene de Indaletios (como maestro). El fue un obispo español y puede implorásele en tiempo de sequías. Variaciones: Eudalesio, Indelesio.

Inocencio—De origen latino, proviene de *innocens* (inocente). El nombre se refiere a la matanza de niños que Herodes ordenó al tratar de matar al Niño Dios. Veintisiete santos han llevado este nombre, incluyendo trece Papas. Variaciones: Inocención, Inocentio.

Isaac—De origen hebreo, proviene de *yitsḥāq* (risa). Isaac es venerado como uno de los patriarcas hebreos. En la Biblia él fue el hijo de Abraham y Sara, y el padre de Jacob. Hubo 48 santos con este nombre. Diminutivo: Caco. Variación: Issak.

Isaías—De origen hebreo, significa Dios es salvación. Fue un profeta muy respetado y famoso por su oratoria.

Isandro—De origen griego, proviene de Lysandros (liberador de la humanidad, rescatador). El nombre es una combinación de *lysis* (liberar, soltar) y de *man* (hombre).

Isidoro—De origen griego, proviene de Isidoros (regalo de Isis), el cual tiene sus raíces en la combinación de *Isis* (Venerada diosa egipcia, diosa de la fertilidad y de la mujer) y *dōron* (regalo). Aunque el nombre aparece 31 veces en el *Diccionario de los Santos*, el más venerado es un jornalero español del siglo XI. Diminutivos: Cedro, Doro. Variaciones: Isadro, Izidero.

Ismael—De origen hebreo, proviene de *yishmā'ē'* (oídos de Dios). Ismael es el patriarca de los árabes. Diminutivo: Melito. Variaciones: Esmela, Ishmael.

Israel—De origen hebreo, proviene de *yisrā'ēl* (luchador de Dios). En la Biblia este nombre fue dado a Jacobo después que este luchó con el arcángel Miguel. Diminutivo: Isra. Variaciones: Isareal, Isreal.

Jacián—De origen griego. Es la versión en español de Jasón. Deriva de *iāson* (curandero). De acuerdo al panteón griego, él fue el líder de los argonautas que buscaban vellocino de oro.

Jacinto—De origen griego, significa tan bello como un *Hyacinth*.

Jaime—De origen hebreo, significa suplantador o atacar por la retaguardia. Jaime es una traducción griega del hebreo Jacobo. En la Biblia, Jacobo fue el tercer patriarca y el padre de doce tribus. San Jaime fue uno de los tres más allegados a Jesús. Muchos de sus seguidores visitan la Catedral de Santiago de Compostela en España. La insignia de estos peregrinos son conchas de mar vacías, el símbolo de este santo.

Jano—De origen griego, significa tan brillante como el sol. Se deriva del dios griego Janus, quien es el guardián de la puerta del tiempo. También tiene el mismo nombre que el mes de enero en inglés.

Javier—Derivado de la palabra vasca Etcheberria (la casa nueva). También se cree que el nombre tiene sus raíces en el apellido Xavier. San Francisco Xavier, un misionero del siglo XVI, viajó a Japón y a la India. Javier es el patrón de los misioneros que se encuentran en tierras extranjeras.

Jeremías—De origen hebreo, proviene del griego Hieremias, el cual tiene sus raíces en el hebreo Yirmeyahau, quien a su vez tiene sus raíces en la palabra *yirmeyāh* (Dios se elevará o Dios ascenderá). El fue un gran profeta, pero sus sermones enojaban a muchos. Eventualmente fue encarcelado por muchos años debido al resentimiento que sus sermones ocasionaban.

Jerónimo—De origen griego, proviene de *hieronymos* (nombre sagrado), la cual es una combinación de *hieros* (sagrado) y *onyma* (nombre). San Jerónimo es a menudo representado con un león. Se cree que se hicieron amigos cuando San Jerónimo extrajo una dolorosa espina de las garras del león. También fue conocido por sus trabajos académicos. Siguiendo instrucciones del papa Dámaso, Jerónimo tradujo los libros griegos y hebreos de la Biblia al latín. Variación: Gerónimo.

Jesús—De origen hebreo. El nombre es el equivalente griego de Joshua. Derivado del latín Iasus, el cual viene del griego Iēsous, nombre que tiene sus raíces en el Hebreo *yēshū'a* (El Señor salva o Dios es salvación). El nombre es dado en honor de Jesucristo, fundador de la fe y la religión cristiana, e hijo de la Virgen María y de José. Al dar este nombre a un niño, los padres esperan invocar la protección del hijo de Dios. Diminutivo: Chucho.

Joaquín—De origen hebreo, proviene de Jehoiakim, el cual es derivado de Yehoyakim (Dios dá fortaleza o Dios establece). De acuerdo con la Biblia Joaquín fue el padre de la Virgen. Joaquín Murrieta, un bandido cali-

forniano del año 1850 era considerado como un Robin
Hood. Robaba dinero de los ricos y lo distribuía a los
californianos del siglo XIX, durante la fiebre del oro y el
derrocamiento de los terratenientes hispanos. Diminutivos: Huacho, Quin. Variaciones: Joaquím, Joachín.

Jonás—De origen hebreo, significa tierno o suave como
una paloma. Él es recordado como el profeta que fue
tragado por una ballena. El nombre aparece 18 veces
en el *Diccionario de los Santos*.

Jorge—De origen griego, proviene de *geōrges* (granjero,
trabajador de la tierra). San Jorge fue un soldado del
siglo IV y es recordado por su legendaria caballería.
Para liberar a su pueblo del dragón malvado, en la
época medieval la gente sacrificaba a su princesa. A
través de su fe en Jesucristo, Jorge mató al dragón al
lanzarle una lanza al corazón. La gente del pueblo se
impresionó tanto con esta hazaña que miles se convirtieron el mismo día.

José—De origen hebreo. Variación popular de Joseph. El
nombre viene de la palabra griega Iōsēph, la cual proviene del hebreo Yosef, un nombre que tiene sus raíces
en *yōsēf* (que Dios aumente o agregue). San José, un
carpintero, fue el padre de Jesús en la tierra, y el res-
ponsable por cuidar de la familia entera. Es recordado
como un hombre justo, recto y honesto. Su obediencia
y dedicación a Dios son altamente respetadas. Su día,
como el esposo de la Virgen María, es el 19 de marzo.
El día 1 de mayo se celebra el día de José el trabajador.
Diminutivos: Pepe, Pepito.

Josefat—De origen hebreo, significa aquel que tiene a
Dios como su juez.

Juan—De origen hebreo, proviene de *yehōhānān* (Yavé
es cortés). El nombre significa Dios es cortés o Dios
ha mostrado sus favores. Juan el Bautista era el primo

de Jesús y es recordado como el más importante profeta que preparó el camino para las enseñanzas de Jesús. Se ha escrito que Jesús consideraba a Juan como
el anunciador del Mesías. También se cree que desde
el vientre, Juan saltó de gozo cuando reconoció a Jesús.
El nombre aparece 418 veces en el *Diccionario de los
Santos*. Diminutivo: Juanito.

Judas–De origen hebreo, significa gloria a Dios. En la
Biblia, fue el hermano y apóstol de Jesús. Otro apóstol
del mismo nombre fue quien traicionó a Jesús en sus
últimos días.

Julio–De origen latino, significa lleno de juventud. Variaciones: Julián.

Junípero–De origen anglosajón. Se cree que viene del
nombre de la planta juniper, a la cuál se le atribuyen
ciertas cualidades vigorizantes. Las frutas de la planta
son comestibles cuando se preparan adecuadamente. El
fraile Junípero Serra fue el fundador del sistema de
misiones en el siglo XVIII.

Justino–De origen latino. Se deriva de Justinus, el cual
tiene sus raíces en *justus* (justo, recto, propio). Variación: Justano.

Ladislao–De origen eslavo, proviene de Vladislav
(reino glorioso), el cual está compuesto por *volod* (gobernar) y *slav* (gloria). Diminutivo: Lalo. Variación: La-
daslao.

Lauro–De origen latino, significa laurel. Aquellos que
salían victoriosos en competencias, especialmente en las
olimpiadas, eran coronados con una corona de ramas de
laurel. Diminutivo: Laurino. Variación: Laureno.

Lázaro–De origen hebreo. Es la versión castellana de
Lazarus, del griego Lazaros, el cual tiene sus raíces en
el'āzār (Dios ha ayudado). En la Biblia, Lázaro era el

hermano de Marta y María. Jesús vino a la aldea donde Lázaro había muerto cuatro días antes y le ordenó que se levantara. Immediatamente, Lázaro se levantó y volvió a la vida.

Leandro—De origen griego. Proviene del nombre griego Leander (hombre león), el cual tiene sus raíces en *león* (len) y de *andros* (hombre). Existieron cuatro santos que llevaron este nombre, incluyendo a un obispo de Sevilla en el siglo VI. Variacion: Leodro.

León—De origen latino, proviene de *leo* (león). El nombre significa valiente como un león. Leo también es el quinto signo del zodíaco. Los que nacen bajo este signo suelen ser alegres, dramáticos y orgullosos. De los 48 santos que llevaron este nombre, el más honrado fue un papa del siglo V, al cual se le considera como el segundo más importante en la historia papal.

Leonardo—De origen alemán. Está compuesto por *lewo* (león) y *hart* (valiente, fuerte, atrevido). El nombre significa fuerte como león o león valiente. Los prisioneros y las mujeres que están dando a luz invocan a San Leonardo por la siguiente razón. Un día el rey Clovis y su esposa se paseaban por el bosque cuando la esposa se dió cuenta de que el parto estaba por llegar. Se cree que San Leonardo les dió albergue y trajo al niño al mundo, aun cuando fue un parto muy difícil. También se cree que fueron las oraciones de San Leonardo las que salvaron la vida del recién nacido y a la esposa del rey. El agradecido rey le concedió tanta tierra como éste pudiera viajar en un burro a lo largo de una noche. San Leonardo estableció un monasterio en esta tierra y se dedicó a ayudar prisioneros que habían sido perdonados y a hombres que regresaban de las cruzadas. Es posible también que la relación entre este santo y los prisioneros haya surgido dada la similitud de su nombre con la palabra francesa que significa encadenar.

Leoncio—De origen latino, proviene de *leo* (león). Diminutivo: Loncho. Variación: Leonicio.

Leopardo—De origen latino, significa leopardo.

Liberato—De origen latino, proviene del nombre Liberatus (aquel que ha sido liberado), el cual tiene sus raíces en *liberatus* (liberado, soltado). Variación: Librao.

Liduvino—De origen teutónico. El nombre significa "el es un amigo leal".

Lisandro—De origen griego, proviene de lysandros (libertador, aquel que rescata), el cual está compuesto por *lysis* (aflojando, soltando) y *andros* (hombre). Diminutivos: Chando, Licho. Variación: Lisandrus.

Lobo—De origen latino, significa lobo. De acuerdo a la ideología de los indígena americanos, el lobo es conocido como el guía. Él es el que se aventura adelante de la manada y trae información importante. Es un gran maestro, es leal y compañero de por vida. Los lobos tienen una conección muy cercana a la luna, donde todas las ideas nuevas están esperando a ser llamadas a la realidad. El lobo aulla a la luna para sacar de ella estas ideas que después compartirá con su gente. Diminutivo: Lobita.

Lorenzo—De origen latino, proviene del nombre Laurentius (de Laurentium), el cual tiene sus raíces en *laurus* (un laurel o árbol de bahía). San Lorenzo fue un mártir del siglo III, uno de los siete diáconos de Roma. Se cree que él libera a un alma del purgatorio cada viernes. Cuando se le ordenó entregar todas las riquezas de la Iglesia, el les presentó a las autoridades cientos de personas pobres, desvalidos, viudas y huérfanos exclamando; "ésta es la riqueza de la Iglesia." Por esto fue arrestado y torturado, pero se dice que nunca perdió su humor y su serenidad, aún durante la horrible agonía a la que fue expuesto.

Lucas—De origen latino. Proviene de la palabra Lucius (de Lucania), la cual tiene sus raíces en *lux* (luz). San Lucas fue uno de los apóstoles. Es conocido como el fiel médico de Pablo. También se le recuerda por su sensibilidad y respeto a las mujeres. El es el santo patrón de los pintores, ya que se cree que el pintó un retrato de la Virgen María, reproduciendo el nacimiento de memoria.

Lucrecio—De origen latino, significa acumular riquezas. Diminutivo: Lulu. Variación: Lecresio.

Luis—De origen alemán. Es una variación del nombre francés Louis, nombre que se deriva de la palabra alemana Hluodowig, la cual tiene sus raíces en la combinación de *hloud* (famoso, glorioso) y *wīg* (guerra, batalla). El nombre significa famoso en la guerra o batalla gloriosa.

Macario—De origen griego, proviene de *makaros* (benditos o afortunados).

Macedonio—De origen griego. El nombre significa aquel que es realzado a través de victorias. Han sido varios los santos que han llevado este nombre. Variación: Macedonea.

Malaquías—De origen hebreo, proviene de *mal'ākhī* (mensajero o ángel). Malaquías fue el último de los profetas. En la Biblia es el último libro del Antiguo Testamento. Variación: Malachinas.

Manasés—De origen griego, proviene de la palabra *měnasse* (ocasionar el olvido). En la Biblia un hombre con este nombre fue el hermano de Efraín, hijo de José y de Asenath.

Manuel—De origen hebreo, se deriva del nombre griego Emmanouēl l, el cual tiene sus raíces en la palabra hebrea *'immānūēl* (Dios entre nosotros). De acuerdo a la Biblia este nombre significa decendiente de David, y por eso significa el Mesías.

Marcelino—De origen latino. Aunque el nombre proviene de Marcus (de Mars o como guerrero) este nombre es dado separadamente. Mars, el dios romano de la guerra está también relacionado con el mes de marzo. El nombre aparece 66 veces en el *Diccionario de los Santos*. Diminutivo: Chelo. Variación: Marselo.

Marcos—De origen latino, proviene del nombre Marcus (de Mars o como guerrero). Mars era el dios romano de la guerra. Otra fuente argumenta que el nombre significa martillo. Otros creen que se deriva de la palabra *mas* (varonil) o de la palabra griega *malakoz* (amable, tierno). Marcos fue uno de los apóstoles. La asociación de San Marcos con un león con alas puede haberse originado cuando San Marcos abandonó su primera misión y posiblemente voló entre los soldados en el jardín esa memorable noche. Finalmente, él conquistó su valor y se le acredita por haber escrito el primer evangelio, el cual algunos creen que proviene de las enseñanzas de San Pedro y que son realmente sus memorias. Variaciones: Marco, Marcus.

Marino—De origen latino. Se deriva del nombre Marinus (un hombre de mar o marinero). De los 37 santos que han llevado este nombre el más respetado es San Marino, en Italia. El era un albañil y es recordado por su atención y cuidado a los cristianos.

Mario—De origen latino, proviene del nombre Marcos. Significa decendiente de Mars, el dios de la guerra. Este aparece 11 veces en el *Diccionario de los Santos*.

Martín—De origen latino. Este es otro nombre que se da independientemente del nombre original. Marcos, el cual significa decendiente de Mars, el dios de la guerra. Han habido 40 santos que han llevado este nombre, incluyendo uno que puede ser invocado en contra de las borracheras.

Mateo—De origen hebreo, proviene del nombre Mattathias, el cual tiene sus raíces en la palabra *mattīthyāh* (regalo de Yavé o regalo de Dios). Mateo era un recaudador de impuestos, odiado tanto por judíos como por gentiles, que llegó a ser apóstol de Jesucristo. Este santo puede ser invocado en cuestiones de finanzas dado su conocimiento previo de economía. El libro de Mateo es el primero del Nuevo Testamento. Diminutivo: Teo. Variación: Matheo.

Matías—De origen griego, y hebreo. Proviene del nombre Matthias, el cual tiene sus raíces en la palabra *mattīthyāh* (regalo de Yavé o regalo de Dios).

Mauricio—De origen latino. Proviene del nombre Mauritius (Moros). Los moros fueron los musulmanes decendientes de Arabia y Berbería que vivieron al noreste de África.

Maximiano—De origen latino. El nombre significa hijo de Maximus, nombre que literalmente significa el más grande o el más grandioso.

Maximiliano—De origen latino. Combina dos nombres: Maximus (el más grande o el más grandioso) y Aemmiliānus, el cual tiene sus raíces en *aemulus* (emular, tratar de ser como otros). El nombre significa emular al más grandioso. Siete santos han llevado este nombre. Diminutivo: Mancho. Variación: Mascimiliano.

Máximo—De origen latino. Se deriva del nombre Maximus, el cual significa el más grande o el más grandioso. Diminutivo: Max. Variación: Másimio.

Melchor—De origen hebreo. El nombre significa rey de la luz. Él fue uno de los Tres Reyes Magos que trajeron ofrendas al Niño Dios en su nacimiento.

Melesio—De origen griego, proviene del nombre Meletios (cuidadoso, alerta). Nueve santos han llevado este nombre.

Mercurio—De origen latino. El nombre significa el que atiende su negocio. Mercurio es el dios romano del comercio y de los negocios. También es el nombre del planeta más cercano al sol. Mercurio gobierna en las comunicaciones, incluyendo hablar, escribir y enseñar.

Miguel—De origen hebreo. Deriva de *mīkhā'ēl* (ser como Dios). El arcángel Miguel es el líder de las fuerzas del bien y el que lucha contra el diablo y contra la maldad. La razón por la que es el patrón de los vendedores es porque se cree que él es el que recibe las almas que ascienden para pesarlas en su balanza. Diminutivo: Mico.

Modesto—De origen latino. Se deriva de *modestus* (modesto, sencillo, humilde). Veintiún santos han llevado este nombre.

Moisés—De origen hebreo, y egipcio. Proviene del nombre hebreo Moshe, el cual tiene sus raíces en *mōsheh* (sacado del agua) y la palabra egipcia *mes, mesu* (niño, hijo). El nombre significa hijo sacado del agua o porque fué sacado del agua. En la Biblia, él fue el líder que partió el mar Rojo, al guiar a los israelitas fuera de una vida de esclavitud en Egipto. Él recibió los 10 mandamientos en el monte Sinaí y después llevó a su pueblo a la tierra prometida.

Napoleón—De origen griego, combina las palabras *neapolis* (ciudad nueva) y *león*. El nombre significa el león de una ciudad nueva.

Nathaniel—De origen hebreo. Proviene de la palabra *něthan'ēl*, regalo de Dios.

Nazario—De origen hebreo, proviene del latín Nazaraeus, el cual viene del nombre griego Nazaraios, que tiene sus raíces en la palabra *nāzir* (consagrado, santificado). El nombre se refiere a un nazareno; persona que voluntariamente se compromete a votos religiosos austeros. De ahí que el nombre ha llegado a significar consagrado a Dios.

Néstor—De origen griego, significa "él recuerda". El nombre fue creado por un sagaz y sabio consejero que peleó con los griegos en Troya.

Nicandro—De origen griego. Está compuesto por las palabras *nikē* (victoria) y *andros* (hombre). El nombre significa el hombre victorioso. El nombre ha sido llevado por nueve santos, incluyendo a un doctor egipcio del siglo III, el cual fué martirizado por oficiar para los cristianos.

Nicolás—De origen griego. Combina las palabras *nikē* (victoria) y *laos* (gente). El nombre significa triunfo de la gente o el que trae victoria a su gente. En la Biblia, él fue uno de los seguidores de Jesús y uno de los siete asistentes de los apóstoles de Cristo. Nicolás de Myra llegó a ser el popular Santa Claus, santo patrón de los niños y de los que hacen regalos anónimos. Se cree que salvó a tres mujeres de una vida de solteras al regalarles tres bolsas de oro, que salvó de la muerte a tres hombres que habían sido condenados injustamente, que rescató a tres marineros de morir ahogados y que resucitó a tres niños de la muerte.

Nicomedes—De origen griego, combina las palabras *nikē* (victoria) y *mēdesthai* (meditar o contemplar). El nombre significa el que contempla el triunfo.

Nuncio—De origen latino. Proviene de *muntius* (mensajero). El nombre ha llegado a significar "el que trae un mensaje o un anuncio".

Octavio—De origen latino, proviene de Octavius, nombre que tiene sus raíces en *octavus* (ocho). El nombre aparece ocho veces en el *Diccionario de los Santos*.

Omar—De origen árabe, significa constructor.

Onésimo—De origen griego, significa eso que es valioso, útil y provechoso.

Onofre—De origen teutónico, significa defensor de la paz. Cinco santos han llevado este nombre incluyendo a un hermitaño del siglo IV conocido como el santo patrón de los tejedores.

Oscar—De origen anglosajón. Está compuesto de las palabras *os* (dios o divinidad) y *gar* (lanza). El nombre significa poseer la lanza de los dioses o el poder del bien.

Osmundo—De origen anglosajón. Combina las palabras *os* (un dios o divinidad) y *mund* (mano o pretección). El nombre significa divina protección.

Osvaldo—De origen anglosajón. Combina las palabras *os* (un dios o divinidad) y *weald* (poder). El nombre significa poder de Dios.

Pablo—De origen latino. Aunque el nombre es una variación de Paulo, Pablo es a menudo usado como un nombre independiente. Es derivado de la palabra *paulus* (pequeño). Diminutivo: Pablito. Variación: Pavlo.

Paciano—De origen latino. Relacionado a la palabra Pacianus (pacífico), la cual es un derivado de la palabra *pax* (paz). Un obispo español del siglo IV llevaba este nombre. Él fue el autor de los tratados teológicos.

Pacífico—De origen latino. El nombre proviene de la palabra latina Pacificus (pacificar, traer la paz), la cual tiene sus raíces en la palabra *pax* (paz). El nombre ha llegado a significar aquel que trae la paz. Diminutivo: Paco.

Pascual—*(Pahs Kwall')* De origen hebreo. Proviene del latín Paschālis (de Easter), el cual viene de Pascha (Easter), palabra que tiene sus raíces en la palabra *pe-*

sach (pascua). Se acostumbra dar este nombre a aquellos niños que nacen en la temporada de pascua. Diminutivo: Paco, Pasco. Variación: Pascuelo, Pazcual.

Patricio—De origen latino, proviene de *patricius* (un patricio o hombre de nobleza). Diminutivo: Richi, Pachi. Variación: Patrizio.

Paulo—De origen latino. Se deriva del apellido romano Paulus, el cual tiene sus raíces in paulus (pequeño). También se cree que es la versión griega de Saúl, que significa "al que se le pregunta". En la Biblia, en el libro "Hechos de los Apóstoles" existe una recopilación de las hazañas de Paulo. El viajó a tierras muy lejanas para difundir el evangelio a los gentiles. Es invocado para asistir en caso de mordidas de víboras ya que se cree que este fue mordido por una serpiente sin que esta le causara daño alguno. Diminutivo: Pauli. Variación: Pauliciano.

Pedro—De origen arameo. Es la traducción griega de la palabra arámica *cephas* (roca). San Pedro es considerado el pilar de la iglesia cristiana, principalmente por la confianza que Jesucristo le tenía, lo cuál fue manifestado en la exclamación de Cristo: "Tu eres Pedro y sobre esta piedra edificaré mi Iglesia". (Matt. 16:18). Junto a Juan y a Jaime estuvo entre los apóstoles más cercanos a Jesús, sería a él a quien se le entregarían las llaves del cielo. Diminutivo: Pico. Variaciones: Petros, Pietro.

Pío—De origen latino, significa piadoso, obligado y virtuoso. El nombre nació en el siglo XX a raíz que un santo con este nombre exhibiera los estigmas. Fue un Franciscano y vivió su vida siguiendo el ejemplo de Jesucristo.

Plácido—De origen latino, proviene de la palabra *placidus* (plácido, tranquilo, pacífico, sereno). Diminutivo: Plasio. Variación: Plásido.

Porfirio–De origen griego, significa aquel que se viste de color morado. El morado suele ser asociado con el color de la realeza. Variación: Porfiric.

Procopio–De origen griego. Proviene del nombre Prokopios, el cual tiene sus raíces en la combinación de *pro* (antes) y *kopios* (copioso, generoso). El nombre completo significa aquel que progresa con grandes riquezas.

Próspero–De origen castellano surge de la palabra próspero, que significa floreciente, afortunado.

Querido–De origen castellano significa amar. Traducciones modernas definen el nombre como amado.

Querubín–De origen hebreo, significa querubín. Los querubines son ángeles y se cree que son los seres más cercanos a Dios. Por lo regular son representados como niños gorditos y juguetones, que a menudo acompañan a niños, amantes o mujeres.

Quinto–De origen latino, proviene de *quintus* (quinto). Cuarenta y dos santos han llevado este nombre.

Rafael–De origen hebreo, surge de la palabra *refāēl* (Dios ha sanado). De acuerdo a la Biblia, además de ser un arcángel, Rafael también era el que cuidaba las puertas del templo. Diminutivo: Rafi, Rafito. Variaciones: Rafaelo, Raphel.

Raimundo–De origen alemán, combina *ragin* (guía, sabiduría) y *mund* (protección, defensa). El nombre significa fuerte o sabia defensa. San Raimundo es honrado como el filántropo que entregó su fortuna como recompensa para que liberaran a los prisioneros. Cuando se le acabó su dinero, él ofreció su libertad para que un hombre más pudiese ser liberado. Se cree que le pusieron un candado en los labios para que este no pudiese orar y hablar con los prisioneros. Diminutivo: Mundo. Variaciones: Ramón, Ramone, Reimundo.

Ramiro–De origen teutónico, significa poderoso en el ejército. En el siglo XVI se acostumbraba dar a los hijos un apellido que se adaptaba del nombre de su padre. El apellido popular Ramírez recibió sus raíces en este nombre hace aproximadamente 500 años.

Raúl—De origen anglosajón. El nombre es una combinación de *rath* (consejero) y *ulfr* (lobo). Su significado es astuto consejero.

Refugio—De origen latino, significa refugio, albergue. El nombre es dado en honor del refugio que se encuentra en la Madre Bendita, de ahí que se le conozca como Nuestra Señora del Refugio. Diminutivo: Cuco, Refugito. Variación: Refigio, Refutio.

Reinaldo—De origen teutónico. El nombre se deriva de *ragma* (juzgar, consejero) y *walden* (manejar o gobernar). Su significado es aquel que gobierna con buen juicio. Diminutivo: Naldo. Variaciones: Reginaldo, Rinaldo.

Remedio—De origen latino, significa remedio, aquello que cura o sana, otro más de los atributos de la Virgen María. Muchas iglesias adoptan este nombre para honrar a Nuestra Señora de los Remedios. Una iglesia en México posee una imagen de la Virgen María que fue traída de España durante la conquista.

Renato—De origen latino. Proviene del nombre *Renātus*, el cual tiene sus raíces en la combinación de *re*(otra vez, de nuevo) y *nātus* (nacer), significa renacer. El nombre es a menudo dado como nombre de bautismo para honrar el renacimiento espiritual del niño bajo los ojos de Dios.

René—De origen latino. También proviene de *Renātus*, el cual tiene sus raíces en la combinación de *re*(otra vez, de nuevo) y *nātus* (nacer); de ahí que signifique renacer.

Reyes—De origen latino, significa rey. El nombre usualmente se da en referencia a los Tres Reyes Magos que llevaron ofrendas al Niño Dios el día de su nacimiento.

También hace referencia a la adoración, reverencia y humildad que mostraron cuando vieron por primera vez al niño, lo cual impresionó a los observadores dado a su estatus de nobleza.

Ricardo—De origen anglosajón. El nombre combina a *rī* (gobernante o rey) y *hart* (fuerte, valiente). El nombre significa gobernante valiente. Hay 19 santos en el *Diccionario de los Santos* con ese nombre. En la edad media, San Ricardo de Chichester cometió el más embarazoso de los actos: se le cayó el cáliz durante la celebración de la misa. Lo increíble es que ni una gota del vino consagrado fue derramada. Por eso este santo es a menudo representado con un cáliz. Diminutivos: Cardo, Ricky, Rico. Variaciones: Rechard, Ricarrdo, Riqui.

Roberto—De origen alemán. El nombre es una combinación de de *hroud* (fama) y *beraht* (brilliante, listo), su significado es brillante con fama. Diminutivo: Berto, Beto, Tito. Variación: Ruberto.

Rodolfo—De origen alemán combina a *hroud* (fama) con *wulf* (lobo). El nombre significa lobo famoso. Diminutivos: Rolo, Rudi. Variaciones: Rodolpo, Rudulfo.

Rodrigo—De origen alemán. El nombre es una combinación de *hroud* (fama, reputación) y *rīk* (rey), significa aquel que gobierna de acuerdo a su reputación o gobernante famoso. Diminutivo: Rod.

Rogelio—De origen teutónico. Proviene de *hroud* (fama, gloria) y *ger* (lanza). El nombre significa aquel que conoce la gloria y la fama por la lanza. Seis santos llevaron este nombre, incluyendo a un dicípulo de San Francisco de Asís en el siglo XIII. Diminutivo: Rugenio. Variaciones: Rogelia, Rogerio.

Rolando—De origen alemán, combina a *hroud* (fama) con *land* (tierra), El nombre significa fama de la región o tierra gloriosa. Diminutivos: Lando, Olo. Variaciones: Orlando, Rolán.

Román–De origen latino, proviene de Romanus (de Roma, la capital de Italia).

Rubén–De origen hebreo, surge de *rĕ'ūbēn* (contemplar, es un hijo). En la Biblia, el nombre fue dado por primera vez, al primer hijo de Jacob y de Leah, quien llegó a ser uno de los patriarcas de las doce tribus.

Sacramento–De origen latino, proviene de *sacramentum* (sacramento, juramento de lealtad), el cual tiene sus raíces en *sacer* (sagrado, puro). También deriva de muchos apellidos tales como Santos, Sánchez, Sáenz.

Salomón–De origen hebreo, proviene de *shĕlōmōh* (pacífico), palabra que tiene sus raíces en la palabra *shālōm* (paz). En la Biblia, este era el nombre del sucesor del rey David, el cual era conocido por su sabiduría y su habilidad para comunicarse con los animales. Diminutivo: Moñi. Variaciones: Solomé.

Salvador–De origen latino, significa el que salva, el que rescata y el que libera. El nombre es dado en honor del sacrificio que Jesucristo hizo para salvar a la humanidad. Diminutivo: Chavo. Variaciones: Salbador, Salvadro.

Samuel–De origen hebreo, proviene de *shĕmū'ēl* (su nombre es Dios). En la Biblia, el fue el juez y el profeta que designó al rey David como el primer rey de Israel. Diminutivo: Mel, Sami. Variación: Sameulo.

Sancho–De origen latino, proviene de la palabra *sanctius* (sagrado o puro).

Santiago–De origen latino. El nombre esta compuesto por *san* (santo) y Diego (diminutivo de Jaime), su significado es San Jaime. Diminutivo: Chango. Variaciones: Sandiega, Santava.

Saturnino–De origen latino, proviene de Saturnus, el dios romano de la agricultura, el nombre significa proctector de las cosechas. También el nombre se asocia al día sábado y al planeta Saturno. La función de Saturno es de ayudarnos en él desarrollo de la autodisciplina, la autoestima y la fe en nuestro propio destino. Su nombre aparece 84 veces en el *Diccionario de los Santos*. Diminutivos: Nino, Sasá. Variaciones: Saturino, Saturno, Saturnio.

Saúl—De origen hebreo, proviene de *shāūl* (prestado, pedido, añorado). En la Biblia el fue el primer rey de Israel de la tribu de Benjamín.

Sebastián—De origen griego, significa digno de adoración. El nombre aparece 15 veces en el *Diccionario de Santos*. Diminutivos: Chabo, Tano. Variaciones: Sevastián, Sebastín.

Segundino—De origen latino, significa el que sigue o segundo. Tradicionalmente, el nombre es dado al segundo hijo. Variación de este nombre aparecen 81 veces en el *Diccionario de los Santos*. Variaciones: Secunideo, Secundio, Secundius.

Serafín—De origen hebreo, surge de *sĕrāphīm* (seraphim, el ardiente o ángeles que rodean el trono de Dios). La palabra tiene sus raíces en *sāraph* (quemar).

Sergio—De origen latino. El nombre significa pastor o el que protege. Treinta y tres santos han llevado este nombre.

Servacio—De origen latino, proviene de Servatius (salvar, salvaguardar). Variación: Cerasio.

Severo—De origen latino, proviene del apellido romano Sevērus (severo, austero). Cincuenta y un santos llevaron este nombre. Diminutivo: Severito. Variaciones: Severano, Sivero.

Silvano—De origen latino, proviene del apellido Silvānus (de los bosques), el cual tiene sus raíces en *silva* (bosque, follaje). También está relacionado con Sylvanus, el dios romano de los campos y de los bosques.

De los 42 santos que llevaron este nombre, el más conocido era de Claraval, de Francia. Se creía que el tenía visiones del cielo. Variaciones: Silbano, Silvano.

Silvestre—De origen latino, surge de *silva* (bosque o follaje). El nombre significa aquel que obedece en el bosque. Trece santos han llevado este nombre. Diminutivo: Veche. Variaciones: Selvestre, Silvestre, Sylbestrio.

Simón—De origen hebreo, proviene de shim'ōn (Dios ha escuchado, escuchar o ser escuchado). La traducción griega el nombre significa presumido. Era el nombre original de Pedro. El nombre aparece 51 veces en el *Diccionario de los Santos*.

Sixto—De origen latino. El nombre se refiere el número seis y es comúnmente dado al sexto hijo de la familia. Siete santos y tres papas han llevado este nombre.

Teodoro—De origen griego, es una combinación de *theos* (Dios) y *dōron* (regalo). El nombre significa regalo de Dios. Ciento cuarenta y seis santos han llevado este nombre. Diminutivos: Doro, Tedi. Variaciones: Teodario, Theador, Tieodoro.

Teodosio—De origen griego, significa regalo de Dios, y aunque es muy similar a Teodoro, ya que los dos provienen de la misma raíz, es otorgado como nombre separado. Trienta y cuatro santos fueron mencionados en el *Diccionario de los Santos* con este nombre. Diminutivo: Teodos. Variacion: Tiodoso.

Teófilo—De origen griego, es una combinación de *theos* (Dios) y *philos* (amor). El nombre significa amado de Dios. El nombre aparece 47 veces en el *Diccionario de los Santos*.

Timoteo—De origen griego, proviene de la combinación de *timē* (honor, respeto) y *theos* (Dios). El nombre significa aquel que honra o respeta a Dios. En la Biblia, se trata de un dicípulo y acompañante de Pablo.

Tito—De origen griego, proviene de *tīo* (honrar). También se cree que es un derivado de la palabra latina *Titus* (seguro). Aunque el nombre es un diminutivo, a menudo es otorgado separadamente.

Tobías—De origen hebreo, significa Dios es bueno.

Tomás—De origen arameo proviene de *tĕ'ōma* (gemelo). Tomas fue un apóstol y se le recuerda como el incrédulo Tomás, porque no creyó en la resurrección de Cristo hasta que lo vio y palpó sus heridas. Cuando finalmente se dio cuenta de que Jesús había resucitado, el proclamó; "Señor mío y Dios mío" Juan 20:28; la cual se ha convertido en una poderosa oración. Santo Tomás el santo patrón de los arquitectos debido a una leyenda en su vida y a su disposición. Se cree que le fue encomendada una gran cantidad de dinero para construir un palacio. En su lugar, Santo Tomás construyó un palacio simbólico llamado "palacio en el cielo", al regalar el dinero a los pobres. Ochenta y un santos llevan este nombre. Diminutivos: Max, Tomito. Variaciones: Tamascio, Tomaz.

Tránsito—De origen latino, significa transferir, pasar. El nombre es dado en honor de la entrada de la Virgen María al cielo después de su muerte. Diminutivo: Tacho. Variación: Tráncito.

Trinidad—De origen latino, significa trinidad, el cual es el concepto principal del catolicismo. La Trinidad representa las Tres Divinas Personas en una: Padre, Hijo y Espíritu Santo.

Tristán—De origen latino, significa aquel que es Dios.

Tulio—De origen latino, significa elevado desde la tierra.

Urbano—De origen latino, significa aquel que es cortés. También se relaciona a la palabra *Urbānus* (urbano o habitante de la ciudad). El nombre ha sido llevado por 30 santos y por ocho papas.

Valentín–De origen latino, proviene de *valens* (fuerte, vigoroso). De los 51 santos que llevaron este nombre el más recordado es San Valentín, el santo patrón del amor y de la amistad. Su día se celebra el 14 de febrero. Diminutivos: Tino, Val. Variaciones: Valante, Valentino, Valentío.

Valerio–De origen latino, proviene de *valere* (valiente, fuerte). El nombre ha sido llevado por 39 santos y un obispo.

Venceslao–De origen eslavo, proviene de la palabra *slav* (gloria). En la actualidad es recordado en el villancico "El buen Rey Wenseslao". El mensaje de este villancico es que aquel que sigue el ejemplo de bondad de los santos y de Dios, encontrará albergue y seguridad en contra de los problemas que la vida trae. Existen más de 60 variaciones de este nombre. Algunas de ellas son: Benceslado, Venesloa, Wencelaus, Wenseslas.

Venturo–De origen latino, surge de la palabra *ventura* (buena fortuna o buena suerte). Variación: Ventureno.

Victor–De origen latino, significa ganar, campeón, conquistador. El nombre aparece 230 veces en el *Diccionario de los Santos*. Diminutivos: Torico, Vito. Variaciones: Victoriano, Vittorio.

Vidal–De origen latino, se deriva de la palabra *vitalis* (vitalidad, lleno de vida), la cual tiene sus raíces en *vita* (vida). Cincuenta y dos santos han llevado este nombre. Diminutivo: Vita. Variaciones: Vidalo, Vitalis.

Vincentino–De origen latino, proviene de *vincere* (conquistar). Los niños que se les es dado este nombre a menudo honran a San Vicente de Paulo. San Vicente dedicó su vida a aliviar el sufrimiento de los seres humanos y es muy conocido por sus actos de caridad. Su vida fue una de extremos, ya que trabajaba con gente de mucha riqueza y con gente de extremada pobreza. Tal era su compasión que en una ocasión tomo el lugar de un esclavo, lo cual arruinó su salud, con tal de que el esclavo se pudiera reunir se con su familia. Diminutivo: Chenche. Variación: Biscente.

Xipto—De origen Indïo Americano fue el Dios Azteca de los plateros.

Zacarías—De origen hebreo, proviene de *zĕcharyah* (Dios recuerda). El nombre ha sido llevado por 42 Santos. En la Bilbia era el esposo de Elizabeth y el padre de Juan el Bautista.

Zenobio—De origen griego, combina *zēn* (Zeus) y de *bios* (vida); de ahi que el nombre signifique la vida de Zeus.

Zenón—De origen griego. Relacionado a *zē* (Zeus), el nombre ha llegado a significar animado o lleno de vida. Variaciones: Semón, Zenén.

marzo

1	2	3	4	5	6	7
David Félix		Marino Anselmo	Basilio Pedro	Adrián Eusebio	Perpetua Felícitas	Tomás Pablo
8	**9**	**10**	**11**	**12**	**13**	**14**
Juan Poncio	Francisca Paciano	Macario Simplicio	Constantino Benito	Gregorio Maximiliano	Eufrasia Geraldo	Eustaquio Matilde
15	**16**	**17**	**18**	**19**	**20**	**21**
Sofía Lucrecia	Hilario Eusebia	Patricio Gertrudis	Cirilo Salvador	José Juan	Martín	Benito
22	**23**	**24**	**25**	**26**	**27**	**28**
Pablo Basilio	Victoriano	Gabriel	Anunciación de la Virgen María	Félix	Juan Ruperto	Juan de Capistrano
29	**30**	**31**				
Jonás Marcos	Régulo	Acacio Benjamín				

febrero

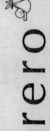

1	2	3	4	5	6	7
Ignacio Brígida	Catalina	Celerino Blas	Andrés Teófilo	Águeda	Tito Dorotea	Adauco Moisés
8	**9**	**10**	**11**	**12**	**13**	**14**
Juan Esteban	Cirilo Apolonia	Porfirio Guillermo	Benito Lucio	Marina Julián	Ermenegilda	Valentín Eleucadio
15	**16**	**17**	**18**	**19**	**20**	**21**
Faustino Ágape	Juliana Elías	Silvino	Simón León	Bonifacio	Eleuterio	Severiano Jorge
22	**23**	**24**	**25**	**26**	**27**	**28**
Margarita	Pedro Marta	Matías	Victorino Cesario	Néstor Alejandro	Gabriel Julián	Román Hilario

enero

1	Concordio, Almaquio
2	Macario, Vincenciano
3	Francisca, Genoveva
4	Gregorio, Farailda
5	Telesforo, Apolinaria
6	Melanio, Viltrudis
7	Luciano, Valentín
8	Apolinar, Paciente
9	Marciana, Julián
10	Marciano, Juan
11	Higinio, Leucio
12	Arcadio, Cesaria
13	Agrecio, Hilario
14	Félix
15	Pablo, Macario
16	Marcelo, Pricila
17	Antonio, Julián
18	Leonardo
19	Alberto
20	Sebastián, Fabián
21	Inés
22	Vicente
23	Raimundo
24	Timoteo
25	Apolo
26	Sebastián, Paula
27	Ángela
28	Pedro, Tomás de Aquino
29	Francisco
30	Martina
31	Juan

Santoral

abril

1 Hugo Valerio	**2**	**3**	**4**	**5**	**6**	**7**
8	**9** Francisco Teodosia	**10** Ricardo Sixto	**11** Isidoro	**12** Vincente Alberto	**13** Marcelino	**14** Jorge
15 Dionisio	**16** Hesiquio	**17** Dimas Miguel	**18** León Isaac	**19** Julio Zenón	**20** Marcio	**21** Justino Máximo
22 Basilisa Anatasia	**23** Paterno Fructuoso	**24** Inocencio Roberto	**25** Apolonio Eluterio	**26** Expedito	**27** Marcelino Inés	**28** Anselmo Simón
29 Oportuna Teodoro	**30** Jorge Gerardo	Adalberto Fidel Guillermo	Marcos	Esteban Ricario	Zita	Pablo
Pedro	Catalina de Siena					

mayo

1 José Isidro	2 Atanasio	3 Alejandro Felipe	4 Mónica Florián	5 Pío Ángel	6 Juan	7 Estanislao
8 Aparación de Miguel Arcángel	9 Gregorio	10 Antonio	11 Felipe Santiago	12 Pancracio Domingo	13 Roberto Andrés	14 Bonifacio
15 Isidro Isaías	16 Honorato	17 Pascual	18 Enrico	19 Teófilo	20 Bernadino Etelberto	21
22 Román Julia	23 Desiderio Bernardo	24 Vicente David	25 Gregorio Aldemo	26 Felipe	27 Julio	28 Bernardo de Montjoux Augustín
29	30 Fernando	31 Petronila				

junio

1	2	3	4	5	6	7
Ángela	Marcelino Erasmo	Cecilio Clotilde	Santiago	Bonifacio Sancho	Claudio	Pablo
8	**9**	**10**	**11**	**12**	**13**	**14**
	Feliciano	Margarita	Bernabé	Plácido Onofre	Antonio de Padua	Basilio
15	**16**	**17**	**18**	**19**	**20**	**21**
Guillermo		Ismael	Amando	Juliana	Silverio	Luis Gonzaga
22	**23**	**24**	**25**	**26**	**27**	**28**
Vito Modesto	Aureliano Cipriano	Juan Bautista Bartolomé	Febronia Próspero	Virgilio	Ladislao	Sergio
29	**30**					
Paulino	Liberto					
Pedro	Pablo					

julio

1	**2** Simón	**3** Tomás Ireneo Heliodoro	**4**	**5**	**6**	**7**
8 Simón	**9**	**10** Berta Isabel	**11** Pío	**12** Atanasio	**13** Dominica	**14** Fermín
15	**16** Verónica Nicolás	**17** Segunda Amelia	**18** Arnulfo	**19** Fortunato	**20** Eugenio	**21** Camilo Buenaventura
22 Enrique	**23** Eustaquia	**24** Alejo	**25** Santiago de Mayor Cristóforo	**26** Vincente	**27** Margarita	**28** Lorenzo
29 María Magdalena Brígida	**30** Apolinar	**31** Cristina	Ignacio de Loyola	Ana	Pantaleón Brígida	Victor Cristóforo
Marta	Abdón					

agosto

1	Esperanza, Caridad
2	
3	
4	Domingo, Justo
5	María, Oswaldo
6	Sixto
7	Cayetano, Claudia
8	
9	Alfonso, Eusebio
10	Pedro, Julián
11	Susana, Alejandro
12	
13	
14	Eusebio, Anatasia
15	Asunción de la Virgen María
16	Ciriaco, Román
17	Lorenzo, Filomena
18	Agapito, Elena
19	Clara de Asís
20	Simpliciano, Bernardo de Claraval, Filberto
21	Juana
22	
23	Joaquín
24	Jacinto
25	Aloiso, Gonzaga
26	Cerefino, Timoteo
27	Mónica, Cesáreo
28	Augustín
29	Andrés, Sabina, Juan Bautista
30	Felipe, Rosa de Lima
31	Bartolomé, Ramón

septiembre

1	2	3	4	5	6	7
Gil Lupo	Esteban Guillermo	Pío Gregorio el Grande	Marino Rosalía	Lorenzo Berino	Donaciano Eleuterio	Regina Anastasio
8 Natalia Néstor	**9** Isaac Querián	**10** Nicolás	**11** Teodora Daniel	**12** Guido	**13** Eulogio Amado	**14**
15	**16**	**17** Roberto Sócrates	**18** Ricarda	**19** Genara	**20** Eustaquio	**21**
22 Nicomedes Catalina	**23** Cornelio Cipriano	**24** Gerardo Pacífico	**25** Alberto	**26** Cipriano Justino	**27** Cosme y Damián	**28** Mateo
29 Tomás Mauricio	**30** Miguel Arcángel Gerónimo					Wencelao

Octubre

1 Román	**2** Eleuterio	**3** Teresita	**4** Francisco de Asís, Amón	**5** Apolinar, Flora	**6** Bruno	**7** Justina, Marcos
8 Brígida, Demetrio	**9** Dionisio	**10** Paulino	**11** Alejandro, Bruno	**12** Maximiliano, Serafín	**13** Bruno	**14** Calixto, Domingo
15 Teresa de Ávila, Leonardo	**16** Dionisio	**17** Margarita, Ignacio de Antioquía	**18** Lucas	**19** Pedro Alcántara, Aquilino	**20** Eduardo	**21** Úrsula
22 Leonardo	**23** Beltrán	**24** Rafael Arcángel	**25** Crisanto, Engracia	**26** Evaristo	**27** Artemio	**28** Simón, Judas
29 Donato, Felipe, Hermelinda	**30** Severino, Marcelo, Germán	**31** Quintín				

noviembre

1	**2**	**3**	**4**	**5**	**6**	**7**
Acisclo Cesáreo	Victoriano	Malaquías	Carlos Juancito	Zacarías Elisabeth	Leonardo de Noblac	Herculano Forencio
8	**9**	**10**	**11**	**12**	**13**	**14**
	Benigno	Andrés Dimas	Martín Bartolomé	Benito	Eugenio Diego	Josafat
15	**16**	**17**	**18**	**19**	**20**	**21**
	Gertrudis Inés de Asís	Gregorio Hugo	Pedro	Benito	Félix	Columbano
22	**23**	**24**	**25**	**26**	**27**	**28**
Leopoldo Alberto	Inés de Asís	Juan de la Cruz	Catalina de Alejandría	Basilio Conrado	Secundino	Esteban
29	**30**					
Cecilia Filemón	Clemente					
Saturino	Andrés					

diciembre

1 Eloy	**2** Viviana	**3** Hilaria	**4** Bárbara Osmundo	**5** Crispina	**6** Nicolás Abraham	**7** Ambrosio
8 Immaculada Concepción	**9** Leocadia	**10**	**11** Daniel	**12**	**13** Lucía Auberto	**14** Espiridión
15 Cristina Valeriano	**16** Ágata Eusebio Adelaida	**17** Gregorio	**18**	**19** Alejandro Edberga	**20** Domingo	**21** Tomás
22	**23** Victoria	**24** Lázaro Olimpia	**25** Jesús	**26** Anastasio Eva	**27** Juan Evangelista	**28** Teodoro
29 David Marcelo	**30** Sabino	**31** Silvestre Delfín				

Nombres preferidos
de mamá para
niños

_____

_____

_____

_____

_____

_____

_____

_____

_____

Nombres preferidos
de papá para
niños

_____

_____

_____

_____

_____

_____

_____

_____

_____

Nombres preferidos de mamá para niños

_____

_____

_____

_____

_____

_____

_____

_____

_____

Nombres preferidos de papá para niños

_____

_____

_____

_____

_____

_____

_____

_____

_____

Mom's Favorite Girl Names	Dad's Favorite Girl Names
_____	_____
_____	_____
_____	_____
_____	_____
_____	_____
_____	_____
_____	_____
_____	_____
_____	_____

Mom's Favorite Boy Names	Dad's Favorite Boy Names
_____	_____
_____	_____
_____	_____
_____	_____
_____	_____
_____	_____
_____	_____
_____	_____
_____	_____
_____	_____

December

1	2	3	4	5	6	7
Eloy	Vibiana	Hilaria	Bárbara Osmundo	Crispina	Nicolás Abraham	Ambrosio
8	**9**	**10**	**11**	**12**	**13**	**14**
Immaculate Conception	Leocadia	Gregorio	Daniel	Alejandro Edberga	Lucía Auberto	Espiridión
15	**16**	**17**	**18**	**19**	**20**	**21**
Cristina Valeriano	Agata Eusebio Adelaida	Lázaro Olimpia		Anastasio Eva	Domingo	Tomás
22	**23**	**24**	**25**	**26**	**27**	**28**
	Victoria	Delfin	Jesús	Esteban	Domingo	Teodoro
29	**30**	**31**			**27**	
David Marcelo	Sabino	Silvestre			Juan the Evangelist	

November

1 Acisclo Cesario	**2** Victoriano	**3** Malaquías	**4** Carlos Juancito	**5** Zacarías Elisabeth	**6** Leonardo de Noblac	**7** Herculano Florencio
8	**9** Benigno	**10** Andrés Dimas	**11** Martín Bartolomé	**12** Benito	**13** Eugenio Diego	**14** Josafat
15 Leopoldo Alberto	**16** Gertrudis Inés of Asís	**17** Gregorio Hugo	**18** Pedro	**19**	**20** Félix	**21** Columbano
22 Cecilia Filemón	**23** Clemente	**24** Juan de la Cruz	**25** Catalina de Alejandría	**26** Basilio Conrado	**27** Secundino	**28** Esteban
29 Saturino	**30** Andrés					

October

1	2	3	4	5	6	7
1 Román	**2** Eleuterio	**3** Teresita	**4** Francisco de Asís / Amón	**5** Apolinar / Flora	**6** Bruno	**7** Justina / Marcos
8 Brígida / Demetrio	**9** Dionisio	**10** Paulino	**11** Alejandro / Bruno	**12** Maximilliano / Serafín	**13** Eduardo	**14** Calixto / Domingo
15 Teresa de Ávila / Leonardo	**16** Beltrán	**17** Margarita Ignacio de Anitoch	**18** Lucas	**19** Pedro de Alcántara / Aquilino	**20**	**21** Úrsula
22 Donato / Felipe	**23** Severino	**24** Rafael, Archangel	**25** Crisanto / Engracia	**26** Evaristo	**27** Artemio	**28** Simón / Judas
29 Hermelinda	**30** Marcelo / Germán	**31** Quintín				

September

1 Gil Lupo	**2** Esteban Guillermo	**3** Pío Gregorio	**4** Marino Rosalía	**5** Lorenzo Berino	**6** Donaciano Eleuterio	**7** Regina Anastasio
8 Natalia Néstor	**9** Isaac Querian	**10** Nicolás	**11** Teodora Daniel	**12** Guido	**13** Eulogio Amado	**14** Mateo
15 Nicomedes Catalina	**16** Cornelio Cipriano	**17** Roberto Sócrates	**18** Ricarda	**19** Jenara	**20** Eustaquio	**21**
22 Tomás Mauricio	**23** Gerardo Pacífico	**24**	**25** Alberto	**26** Cipriano Justino	**27** Cosme y Damián	**28** Wencelas
29 Miguel Archangel	**30** Gerónimo					

August

1	2	3	4	5	6	7
Esperanza Caridad	Alfonso Eusebio	Pedro Julián	Domingo Justo	María Oswaldo	Sixto	Cayetano Claudia
8 Ciriaco	**9** Román	**10** Lorenzo Filomena	**11** Susana Alejandro	**12** Clara de Asís	**13** Simpliciano	**14** Eusebio Anatasia
15 Asunción of the Virgin María	**16** Joaquín	**17** Jacinto	**18** Agapito Elena	**19** Timoteo	**20** Bernardo Filberto	**21** Juana
22 Andrés	**23** Felipe	**24** Bartolomé	**25** Aloiso Gonzaga	**26** Cerefino	**27** Cesaro	**28** Augustín
29 Sabina Juan	**30** Rosa de Lima	**31** Ramón				

July

1	2	3	4	5	6	7
Simón		Tomás Ireneo Heliodoro	Berta Isabel	Atanasio	Dominica	Fermín
8	**9**	**10**	**11**	**12**	**13**	**14**
	Verónica Nicolás	Segunda Amelia	Pío	Fortunato	Eugenio	Camilo Buenaventura
15	**16**	**17**	**18**	**19**	**20**	**21**
Enrique	Eustaquia	Alejo	Arnulfo	Vincente	Margarita	Lorenzo
22	**23**	**24**	**25**	**26**	**27**	**28**
María Magdalena Brígida	Apolinar	Cristina	Santiago de Mayor Cristóforo	Ana	Pantaleón Brígida	Victor Cristóforo
29	**30**	**31**				
Marta	Abdón	Ignacio de Loyola				

June

1 Angela

2 Marcelino, Erasmo

3 Cecilio, Clotilde

4 Santiago

5 Bonifacio, Sancho

6 Claudio

7 Pablo

8 Guillermo

9 Feliciano

10 Margarita

11 Bernabé

12 Plácido, Onofre

13 Antonio de Padua

14 Basilio

15 Vito, Modesto

16 Aureliano, Cipriano

17 Ismael

18 Amando

19 Juliana

20 Silverio

21 Aloisio, Luis Gonzaga

22 Paulino

23 Liberto

24 Juan the Baptist, Bartolomé

25 Febronia, Próspero

26 Vigilio

27 Ladislao

28 Sergio

29 Pedro

30 Pablo

May

1	2	3	4	5	6	7
José Isidro	Atanasio	Alejandro Felipe	Mónica Florián	Pío Ángel	Juan	Estanislao
8	**9**	**10**	**11**	**12**	**13**	**14**
Aparación of Miguel, Archangel	Gregorio	Antonio	Felipe Santiago	Pancracio Domingo	Roberto Andrés	Bonifacio
15	**16**	**17**	**18**	**19**	**20**	**21**
Isidro Isaías	Honorato	Pascual	Enrico	Teófilo	Bernadino Etelberto	
22	**23**	**24**	**25**	**26**	**27**	**28**
Román Julia	Desiderio Bernardo	Vicente David	Gregorio Aldemo	Felipe	Julio	Bernardo de Montjoux Augustín
29	**30**	**31**				
Fernando	Petronila					

April

1	2	3	4	5	6	7
1 Hugo Valerio	2 Francisco Teodosia	3 Ricardo Sixto	4 Isidoro	5 Vincente Alberto	6 Marcelino	7 Jorge
8 Dionisio	9 Hesiquio	10 Dimas Miguel	11 León Isaac	12 Julio Zenón	13 Marcelino	14 Justino Máximo
15 Basilisa Anatasia	16 Paterno Fructuoso	17 Inocencio Roberto	18 Apolonio Eluterio	19 Expedito	20 Marcio	21 Anselmo Simón
22 Oportuna Teodoro	23 Jorge Gerardo	24 Fidel Guillermo	25 Marcos	26 Esteban Ricario	27 Marcelino Inés	28 Pablo
29 Pedro	30 Catalina de Sierra				Zita	

March

1	2	3	4	5	6	7
David Félix		Marino Anselmo	Basilio Pedro	Adrián Eusebio	Perpetua Felícitas	Tomás Pablo
8	**9**	**10**	**11**	**12**	**13**	**14**
Juan Poncio	Francisca Paciano	Macario Simplico	Constantino Benito	Gregorio Maximiliano	Eufrasia Geraldo	Eustaquio Matilde
15	**16**	**17**	**18**	**19**	**20**	**21**
Sofía Lucrecia	Hilario Eusebia	Patricio Gertrudis	Cirilo Salvador	José Juan	Martín	Benito
22	**23**	**24**	**25**	**26**	**27**	**28**
Pablo Basilio	Victoriano	Gabriel	Anunciación of the Virgin María	Félix	Juan Ruperto	Juan de Capistrano
29	**30**	**31**				
Jonás Marcos	Régulo	Acacio Benjamín				

February

1	2	3	4	5	6	7
Ignacio Brigida	Catalina	Celerino Blas	Andrés Teófilo	Agueda	Tito Dorotea	Adauco Moisés
8 Juan Esteban	**9** Cirilo Apolonia	**10** Porfirio Guillermo	**11** Benito Lucio	**12** Marina Julián	**13** Ermengilda	**14** Valentín Eleucadio
15 Faustino Agape	**16** Juliana Elías	**17** Silvino	**18** Simón León	**19** Bonifacio	**20** Eleuterio	**21** Severiano Jorge
22 Margarita	**23** Pedro Marta	**24** Matías	**25** Victorino Cesario	**26** Néstor Alejandro	**27** Gabriel Julián	**28** Román Hilario

January

1 Concordio Almaquio	**2** Macario Vincenciano	**3** Francisca Geneveva	**4** Gregario Farailda	**5** Telésforo Apolinaria	**6** Melanio Viltrudis	**7** Luciano Valentin
8 Apolinar Paciente	**9** Marciana Julián	**10** Marciano Juan	**11** Higinio Leucio	**12** Arcadio Cesaria	**13** Agrecio Hilario	**14** Félix
15 Pablo Macario	**16** Marcelo Pricila	**17** Antonio Julián	**18** Leonardo	**19** Alberto	**20** Sebastian Fabián	**21** Inés
22 Vicente	**23** Raimundo	**24** Timoteo	**25** Apolo	**26** Sebastian Paula	**27** Angela	**28** Pedro Tomás
29 Francisco	**30** Martina	**31** Juan				

Calendar
of
Saints